前 言

FOREWORD

古人云："人非圣贤，孰能无过?"知错就改是一个人的行为准则，也是一个人立身处世的基本原则。

所谓"知错就改"就是知道自己错了，就立即改正。既要"知"，更要"改"，知而后改，善莫大焉。孔子的学生子贡说过："君子之过也，如日月之食焉。过也，人皆见之；更也，人皆仰之。"翻开历史，纵览古今中外，知错就改的人比比皆是，正是由于知错就改，使他们有的名垂千古，有的功在当代。晋代的周处少时横行乡里，乡人把他同老虎、蛟龙并列为"三害"，后来他知道自己错了，决心改正，做了不少好事。人们于是开始尊敬他，称赞他。索福克勒斯说过："一个人即使犯了错，只要能痛改前非，不再固执，这种人并不失为聪明之人。"承认错误并不是自卑，也不是自弃，而是一种诚实的态度，一种锐意的智慧。

知错就改不但是做人的最起码准则，更是执政者执政的基本要求，是立国之本，执政之基。汉高祖刘邦进关中之前，由于他知错就改，以礼款待郦食其，终于获得良策，抢在项羽之前入了关中，成就了一番伟业。唐太宗曾说："以铜为镜，可以正衣冠；以古为镜，可以知兴替；以人为镜，可以明得失。"正是由于他以诚纳谏，知错就改，最终开创了"开元盛世"的繁盛时期。可见，执政者能否知错就改，任人唯贤，关乎国家的兴衰。知错就改，勇于承担责任，错误有小有大，造成的后果，轻可如鸿毛，重可如泰山。一个人难免犯错误，关键在于犯错之后能够严肃地对待错误，改正错误，只要能改就可贵。

错误是一把双刃剑，一方面造成了不好的影响，而另一方面又使犯错误的人知道自己并不完美，也不可能完美。错误让人戒骄戒躁，反省自己的所作所为，也为他人提供了反面教材，让人引以为鉴。俗话说："知错就改，善莫大焉。"犯错误并不可怕，可怕的是不能及时改正，一个人最难能可贵的也是犯了错误能及时改正。当我们犯错误时，我们应当保持清醒的大脑，不要因为好面子而不肯承认，这样可能会误导那些正确的人，最终让错误弥漫开来。

知错就改是现代社会生活中每个人的立身之本，是高尚的人格要求，是青少年思想道德发展的基本要求，是《中学生守则》的内容之一。青少年是国家的未来，肩负着社会主义建设的重任，今后要走的路很长，所以，人人都应当知错就改，以诚待人。青少年要从小就严格要求自己，从现在做起，从点滴做起，做一名合格的学生。

本书共分为"劝人改错"、"闻错即改"、"改错纳谏"三个部分，精选了古今中外知错就改的美德故事。希望通过阅读本书，能更好地帮助青少年朋友们养知错就改的好习惯，做一个表里如一的人。

让知错就好的美德扎根于生活的沃土之中，开出更加美丽的花朵，结出更加丰硕的果实。

中小学生不得不读的故事丛书

让青少年学会知错就改的故事

读书不是为了雄辩和驳斥，也不是为了轻信和盲从，而是为了思考和权衡。

每一个好故事，都会带你种下完美人生的种子；每一个好故事，都是我们领悟人生的一盏明灯；每一个好故事，都是我们人生的一块基石。它给我们智慧的启迪，让我们抓住希望，对今天更加珍惜，对明天充满自信！

本书编写组◎编

畅销版

课外阅读系列

世界图书出版公司
广州·上海·西安·北京

图书在版编目（CIP）数据

让青少年学会知错就改的故事 /《让青少年学会知错就改的故事》编写组编. —广州：广东世界图书出版公司，2010. 3（2021.5 重印）

ISBN 978 - 7 - 5100 - 1493 - 2

Ⅰ. ①让… Ⅱ. ①让… Ⅲ. ①品德教育 - 中国 - 青少年读物 Ⅳ. ①D432. 62

中国版本图书馆 CIP 数据核字（2010）第 033771 号

书　　名　让青少年学会知错就改的故事
　　　　　RANG QINGSHAONIAN XUEHUI ZHICUO JIUGAI DE GUSHI
编　　者　《让青少年学会知错就改的故事》编写组
责任编辑　黄晓霞
装帧设计　李　超
责任技编　刘上锦　余坤泽
出版发行　世界图书出版有限公司　世界图书出版广东有限公司
地　　址　广州市海珠区新港西路大江冲 25 号
邮　　编　510300
电　　话　020-84451969　84453623
网　　址　http://www.gdst.com.cn
邮　　箱　wpc_gdst@163.com
经　　销　新华书店
印　　刷　北京兰星球彩色印刷有限公司
开　　本　787mm × 1092mm　1/16
印　　张　10
字　　数　120 千字
版　　次　2010 年 3 月第 1 版　2021 年 5 月第 10 次印刷
国际书号　ISBN　978-7-5100-1493-2
定　　价　38.00 元

CONTENTS

目录

劝人改错

颍考叔讲孝道感召庄公 …… 1
壶叔告诫重耳节俭 …… 2
子文不护族亲 …… 4
季文子劝仲孙节俭 …… 6
晏子劝国君关心人民疾苦 …… 7
知过即改的信陵君 …… 10
宋弘劝桓谭改错 …… 12
苏章劝友坦白自首 …… 13
贤妻劝夫 …… 15
郭太劝人改错 …… 16
刘备责友 …… 18
孙权劝吕蒙就学 …… 19
胡质辞交 …… 20
丑女劝夫 …… 21
王烈感化盗牛人 …… 23
李勣教人惜粮 …… 25
柳公权除满破骄自成一家 …… 26
段秀实劝郭晞整顿军纪 …… 28
赵匡胤改邪归正 …… 30
王安石教人节俭 …… 31
寺僧惜谷 …… 33
海瑞教下属节俭 …… 35
郑板桥劝塾师改过 …… 37
义责任伯年 …… 40
林纾给先生送米 …… 42
杰克逊知错认错 …… 44
高尔基对雷曼诺夫的批评 …… 45
麦克斯韦听从老师教诲 …… 47
斯维德伯格牢记校长的批评 …… 48

闻错即改

许由隐居记 …… 50
李离自尽赎过 …… 54
晏子改过 …… 55
孟孙请回秦西巴 …… 58
孔子认错 …… 59
颜回食污 …… 60
乐正子春闭门思过 …… 62
负荆请罪 …… 63
薛谭学歌 …… 64
孟光改错 …… 65

曹操割发自刑 …… 67
诸葛亮请求降职 …… 69
吕岱闻过则喜 …… 70
周处改过自新 …… 71
王羲之闻过即改 …… 75
展子虔闻过即改 …… 76
皇甫绩自愿挨打 …… 77
唐太宗下“罪己诏” …… 79
画圣吴道子拜师 …… 80
狄仁杰自愧 …… 82
郭子仪李光弼不计私怨 …… 84
宋太祖尊师 …… 85
寇准认错 …… 86
范仲淹请罪 …… 88
“三袁”宴师 …… 89
唐寅学画 …… 91
改过自新的张岱 …… 93
叶桂埋名学医 …… 96
鲁迅的“早” …… 98
宋庆龄向小孩子道歉 …… 99
梅兰芳改错敬师 …… 101
沈从文知错就改 …… 102
福克斯的父亲改错 …… 103
华盛顿诚实认错 …… 104
林肯请求原谅 …… 105
马克思与恩格斯冰释前嫌 …… 106
盖达尔诚实报告真相 …… 107
阿普顿尊重爱迪生 …… 109

改错纳谏

齐桓公纳谏 …… 111
齐桓公求贤 …… 114
晏子巧改坏风气 …… 115
楚王改错 …… 117
秦昭王用范雎 …… 118
触詟谏赵太后 …… 121
魏惠王认错求贤 …… 123
刘邦改过得贤臣 …… 126
萧何月下追韩信 …… 128
汉文帝改刑 …… 132
孙权烧门求贤臣 …… 134
辛毗拉衣劝俭 …… 136
直言面谏的萧颖胄 …… 139
苏世长谏唐高祖不忘节俭 …… 142
魏征提倡以俭治国 …… 144
长孙皇后劝谏 …… 146
贤后劝谏 …… 147
朱元璋向老秀才赔礼 …… 149
康熙虔诚跪师 …… 151

劝人改错

颍考叔讲孝道感召庄公

时时见过，时时改过。

——聂豹

颍考叔，春秋时郑国人（今河南新郑县一带），是郑庄公手下的一个管理疆界的官员。

郑庄公出生时脚先出来，他的母亲武姜氏因为这个特别讨厌他，而偏向他的弟弟共叔段，想立共叔段为国君，由于郑庄公的父亲郑武公不同意，还是庄公继了位。

庄公继位后，武姜氏千方百计地帮着共叔段扩充势力，伺机夺权。庄公欲擒先纵，待时机成熟时，先发制人。在共叔段攻打京城前，一举打败共叔段于鄢地。共叔段逃亡到国外，妄想打开京城之门作内应的武姜氏被放逐到城颍（今河南临颍县西北）。郑庄公对其母发誓说："不到黄泉，咱们不要再见面了。"过了一段时间，气消了之后，庄公又觉得自己也有些过分，可话已经说出了嘴，又有什么办法呢。

颍考叔听到这件事后，找了个借口，见到了郑庄公。庄公招待他吃饭，席间庄公发现颍考叔把肉食都放到一边，从不动筷，就好奇地问："你怎么不吃肉食呢?"颍考叔赶忙回答说："小人不是不吃肉食，而是因为我上有老母亲。我们家的好东西她老人家都吃着了，但从来没有吃过国君您这样好的菜肴，请允许我把这些菜带回去给我老母亲尝尝。"郑庄公说："你还有母亲，吃什么还可以想着她，给她带回去吃，我就没有这种福分了。"颍考叔明知故问地说："我能问一下，您这话说的是什么意思吗?"庄公把放逐母亲于城颍，并发誓不再相见的事说了一遍，在诉说时流露出悔恨的表情。颍考叔觉得时机已到，就开导说："您有什么可忧虑的呢? 假如您深挖地，到有泉水处打一个隧道，母子在隧道里相见，谁能说这不是在黄泉中相见呢?"庄公高兴地听从了颍考叔的话。

隧道打通了。庄公在进隧道时，十分激动，就赋诗一首，其中一句是："大隧之中其乐融融。"武姜氏出了隧道以后，也感慨万分，懊悔不已，也赋诗一首，其中一句是："大隧之外，其乐也泄泄（和乐融融）。"从此母子和好如初，就好像什么事情也没发生一样。

壶叔告诫重耳节俭

> 错误是不可避免的，但是不要重复错误。
>
> ——周恩来

春秋时期，晋国国君晋献公听信谗言，误以为他的儿子重耳有谋取君权的打算，十分生气。于是，他下令捕杀重耳。

重耳连夜带着亲信逃出晋国。途中，他掌管钱财的家臣头须叛离。从此，他们身无分文，靠乞讨奔向齐国。

在齐国躲藏了一些日子，重耳并不顺心。在几位心腹家臣的帮助下，又流亡到了秦国。秦穆公看到重耳一表人才，就招他做了女婿。

公元前636年，秦穆公对重耳说："我决定出兵晋国，送你回去挑起国君的担子。"

重耳想了想，说："可以，只是大王率兵到了黄河边上即可，做我的后盾，不必过河。"

秦穆公点头答应了。

半月以后，秦国军队浩浩荡荡开到了黄河渡口。重耳望着对岸的晋国土地，自言自语地说："19年过去了，现在我终于回来执政了！"

秦穆公派出一部分军队，由重耳率领过河，他自已则驻扎在河西，以作接应。

重耳向秦穆公告别以后，下令迅速渡河。过了一会儿，人马没有动静，重耳皱起眉头问："为什么还不行动？"部下禀报说："公子，壶叔讲，再等一会儿。"

原来，这壶叔是重耳的家臣，专管行李。他对重耳忠心耿耿，追随身边，逃亡期间，吃了许多苦，挨饿受冻，因而很懂得省俭。此时公子与众人马上就要返回晋国，他把重耳逃难时穿的旧衣服一件件洗好包得整整齐齐，准备带过河去。接着，他又将重耳早上吃剩的冷饭晾干，装好，让人送到船上。

重耳又等了一会儿，心中十分着急，于是，他匆匆下船，来到壶叔整理行装的地方，看看到底是怎么回事。到了一只船边，他看到壶叔在匆匆整理搬送破破烂烂的东西，又好气又好笑，说："壶叔，你太糊涂了！我们现在不是逃难，而是返回晋国。我要当国君了。你想，到那时要啥有啥，你收拾这些东西有什么用？"

不等壶叔说话，重耳就命令将士："别装船了。已经装上船的，扔进河里，什么破旧物品也不要带过河去！"

壶叔听后，非常气恼，大声制止。然后，转过身来，指着重耳的鼻子，责备说："公子，您的话不对！这些东西虽旧，可它们陪您19年了！您难道忘了吗？流亡中您差点儿冻死饿死，是它们帮助您度过了难关。何况这些东西还能用。您不能好了伤疤忘了疼呀！"

重耳听不进去，还是坚持把这些东西扔掉。重耳的老臣狐偃看到重耳不听规劝，大手大脚，也很伤心。于是取出秦穆公送给他的白玉说："如果您决心要抛弃这些有用的物品，您也像抛弃那些破烂一样，将我们也抛弃吧！就凭这些，您不会成就大业的。跟随您的日子该结束了，这块白玉就作为分别的纪念吧。"

狐偃的话像警钟一样，使重耳认真思考起来。他觉得壶叔与狐偃说得有道理，自己怎么一下子糊涂了！地位变了，就喜新厌旧，大手大脚，那怎么能治理好国家呢！

重耳终于想通了，命令部下："按壶叔说的去做，有用的东西一律留下，把丢到岸上的那些东西也都捡回来。"

子文不护族亲

> 小过不生，大罪不至。
>
> ——《韩非子》

子文是春秋时楚国的令尹，他办事公道，执法严明，正直无私。

一次，掌管刑狱的廷理逮捕了一名犯人，审讯中，那犯人如实地招供了。最后，他又战战兢兢地乞求说："小人做下此孽，实属罪有应得，无论如何处治，我都绝无怨言；只是恳请大人，千万不要将我的事告于令尹知道。"

廷理听了，感到很奇怪，大声喝道："大胆！你小小一个囚犯，也敢提及令尹大人？”

“大人容禀，因为令尹大人和小人是族亲，他素来对我们就管得很严，这会儿要是听小人犯罪，岂不是要动怒么？倘若气坏了身子，小人我怎么担待得起，所以……”“此话当真？”廷理对那犯人的话有些将信将疑。

“没有半句假话。”那犯人说。

听到这儿，廷理心想：此人既是令尹大人的族亲，我如何惹他得起，倒不如送个人情了事。想到这里，便对那人说：“这次看在令尹大人的面子上，且饶了你，以后你倘若再敢造次，那可就难办啦！”说着，便打开刑具把他放了。

那人连忙叩头谢恩，随后，连滚带爬地出了府衙。

不久，子文知道了这件事，立即派人把廷理召来。廷理满以为子文会好好地谢他，便喜孜孜地来了。

子文见廷理来了，瞥了他一眼，问道：“听说我的一个族人的案子是你审理的？”

廷理连忙答道：“是的，大人。不过，我已将他放了。”

“你不是将他逮捕了吗，怎么又放了呢？”子文故作不解地问。

廷理表现出一副十分内疚的样子，毕躬毕敬地回答子文说：“原先下官不知道他和您的关系，所以多有冒犯，请大人海涵。”

子文听到这儿，十分生气地责备道：“你真糊涂啊！国家设置廷理这个职位，就是为处治违法犯罪的人。一个正直的廷理就应当秉公办案，执法如山，可你却违背法律，屈服于权势，无端地宽容了犯罪之徒，这是天理难容的事啊！”接着又说，“那个人明明犯了法，就因为我的关系，就放了他，这不等于是在告诉天下的老百姓，我子文是一个徇私枉法的人吗？”

子文义正辞严的一番话，说得廷理哑口无言。随后，子文又立即派人把那个犯法的族人抓了来，亲自交给了廷理，廷理依法处治了他。

这件事，很快在楚国的老百姓中传开了，大家都夸赞子文办事无私，执法公平。

季文子劝仲孙节俭

痛莫大于不闻过。

——王通

季文子是中国春秋时期鲁国的宰相，他虽然身居高位，却以俭为荣，从不铺张浪费。他家的住房非常简陋，也不多用仆人。他叮嘱家人说："不要搞浮华，讲排场，饮食粗茶淡饭就可以了，衣服不脏不破就很好。"

有一天，他有公务出门，让他的侄儿备车。等了一会儿，不见动静，就径直向马厩走去。

刚走到马厩门口，他看到他侄儿慌慌张张将青草盖在马槽上，显出不安的样子。季文子很纳闷，问他在干什么，他侄儿支支吾吾说不出话来。季文子上前一看，原来马槽里有粮食。季文子十分生气，说："我已经说过，不许用粮食喂马，有充足的草就可以了，现在还有许多穷人缺吃少穿！"

他侄儿点点头，说："您说的道理我懂，我只是怕别人耻笑我们，说我们小气。"

季文子微微一笑，说："既然明白自己做得不错，就不必去管别人说什么。"

他侄儿备好了马，季文子在车上坐好，他们出发了。马车很旧，一边走，一边发出使人心烦的嘎吱声。季文子的侄儿低着头，怕别人认出这是宰相家的马车。而季文子泰然自若，时而观望民情，时而皱眉沉思。

当马车走到一个十字路口时，季文子下了车，与百姓们交谈。这时，走过来一位穿着十分讲究的年轻人向季文子请安。季文子转身一看，认出了这个年轻人是大臣孟献之的儿子，名叫仲孙。

季文子问："你父亲可好？"

仲孙点头说："很好，他刚才还在这里买东西。"

季文子抬头一看，果然有辆豪华的马车正向西驰去。他说："你们家好气派啊！依我看，要适可而止，还是以俭朴为好。"

仲孙不以为然，带着几分耻笑的口气说："大人做宰相这么多年了，出出入入连一件像样的绸缎衣服都没有。喂的马，不给粮食，只给草吃。您每天乘坐瘦马破车，难道不怕别人笑话，说您太小气了吗？您这么小气，要是让别国人知道了，说不定还会认为我们鲁国人穷成了什么样子呢！"

季文子听了仲孙的话，语重心长地说："你的话没有道理，这是因为你没有懂得节俭的意义。一个有修养的人，他可以克制贪心，因为他知道节俭可以使人向上。相反，一个人铺张浪费，必然贪得无厌。一个国家的大臣如能厉行节俭，艰苦奋斗，上行下效，百姓齐心，这个国家必然会越来越强大。因此，你怎么能说节俭丢脸和使国家衰败呢？"

季文子句句在理的一番话，说得仲孙哑口无言。他红着脸不好意思地走开了。

后来，季文子听说，仲孙真的想通了，他一改过去铺张浮华的缺点，知道节俭了。

晏子劝国君关心人民疾苦

> 前事不忘，后事之师。
>
> ——《战国策》

晏子，名婴，字平仲，是春秋时期齐国的相国，相当于现在国务院总理的职务。作为国王的主要助手，晏子节俭朴素，关心人民疾苦，敢于当面批评国王的错误。他学识丰富，思维敏捷，心地善良，爱国爱民，人们都很尊敬他。他在维护祖国尊严、关心人民疾苦、促进社会文明等多方面值得后人赞颂。

有一次，晏子出使楚国。晏子个子矮，楚王看不起他，让他从小门进楚城，晏子说到狗国才开狗洞，看门人只好开大门迎接他。楚王在宴请时绑来齐人出身的罪犯来羞辱晏子，晏子说出了桔生淮南为桔，移到淮北变成酸枳（zhǐ）的名言，狠狠地回击了楚王，讽刺齐国人好而楚国社会风气不好，巧妙地维护了齐国尊严，楚王不得不刮目相看。

在齐国，晏子也时时处处为人民利益着想，劝齐国国王齐景公关心人民的疾苦。

有一年冬天，大雪下了三天三夜，天气冷极了。齐景公披着白狐狸皮斗篷，坐在宫殿里观赏雪景，还派人去叫晏子也来赏雪。不一会儿，晏子来了，齐景公让他坐在一旁，说：“没什么事吧，您难得有闲空，今天就和我一起赏雪吧！”

晏子没答话。过了一会儿，齐景公没话找话地说：“真奇怪，一连下了三天大雪，可是一丁点儿也觉不出冷来。”

“天气真的不冷吗？”晏子追问了一句。

齐景公也觉得自己的话说得不对了，不好意思地笑了笑。晏子说：“我听说贤明的君主在自己吃饱的时候，惦记着别人在挨饿；自己穿暖的时候，不忘别人的寒冷；自己安逸享乐，要想着劳苦的百姓。现在，您把这些全忘了。”

齐景公听着，脸不觉红了，忙说：“您说得对，我明白了。”

说完，齐景公下令，从仓库里取一些衣服和粮食，发放给穷人。

齐景公特别喜欢养鸟。有一次，他得到一只非常美丽的小鸟，派一个叫烛邹的人特意给他养这只鸟。可是，过了几天，那只鸟飞走了。齐景公气得直跺脚，大声喊到：“烛邹，我要杀了你！”站在一旁的晏子说：“是不是先让我宣布烛邹的罪状，然后再杀也不迟。”齐景公说：“可以。”

这时候，武士们把烛邹绑来了，晏子绷着脸，严厉地对他说：“烛邹，你犯了死罪，罪过有三条：一、大王叫你养鸟，你不留心让鸟飞走了；第二条你使国君为一只心爱的鸟要动手杀人了；还有这件事让别人知道了，都会认为我们国君只看重鸟而轻视百姓的生命，从而看不起齐国，这是第三条。所以国君要杀死你！”说到这儿，晏子回过头来对景公说：“请您动手吧！”

齐王明白晏子是在责备自己，他干咳了两声，说：“算了，算了，把他放了吧！”

接着，齐王走到晏子面前，拱手说道：“若不是您及时开导，我险些犯了大错呀！”

过了些日子，春暖花开，齐景公亲自到山上捉鸟。他看见一只漂亮的鸟，刚要射箭，忽然传来一阵砍柴声，把鸟惊飞了。齐景公的坏脾气又上来了，立刻喊道：“把那个砍柴的抓起来，带回去给我收拾他！”这时，一个随从跑过来告诉齐王：“那边有一个鸟窝，里面有响声。”

齐王走过去一看，鸟窝里有一只刚出生不会飞的小鸟，毛茸茸的，张着小嘴不停地望着生人叫，齐王觉得小鸟怪可怜的，就把它送回窝里了。

等齐王回宫，让晏子碰见了，晏子问：“大王今天捉了几只鸟？”“唉，费了老大劲，捉到一只小鸟，我看它不会飞怪可怜的，就又放回窝里去了。”

晏子听完，转身向北拜了几拜，然后高声说：“我们大王今天做了圣人做的事啊！”

齐景公不以为然地说：“您说到哪去了。我抓了小鸟，看它小放了它，这跟圣人有什么关系呢？”

晏子说：“这件事虽小，可我看得出，您对鸟兽都有仁爱之心，我想，今后您一定会更加关心百姓，所以，我说您是做了一件圣人做的事啊！”

齐景公听了这话，想起押回来的那位砍柴人，忙说：“快放了那个砍柴人吧，我要做一个好国君。”

过了很长一段时间，齐景公心爱的小狗死了。他十分伤心，打算做一副上等的棺木厚葬爱犬，还决定让大臣们给狗举行隆重的葬礼。晏子阻拦他。齐王不耐烦地说："这么件小事，您就不必管了。这是我想出来的办法，给大家取笑，要着玩的。"

晏子郑重其事地说："大王，您错了。现在有多少百姓冻死、饿死，死后无人埋葬，您不去管，反倒有心思和周围的人取乐。这明摆着是轻视百姓，只顾自己吗？百姓听了这件事，必定不拥护您做国君，各国诸侯听说了，必定看不起齐国。内有不满的百姓，外被诸侯小看，再加上大臣们跟你学开心取乐，齐国危亡不远了，这难道是小事吗？"齐景公吓得出了一身冷汗，说："对呀！多亏您提醒了我。狗还是送厨房，炖了吃肉吧！"

晏子就是这样聪明机智，劝君爱民。百姓、大臣、诸侯、君王都敬重他的人品和才华。

知过即改的信陵君

改过不吝。

——《尚书》

信陵君，名叫魏无忌，战国时魏国魏安釐王的异母弟弟。他在当时和齐国的孟尝君、赵国的平原君、楚国的春申君，都是著名的贵族，被称为"四公子"。

公元前257年，秦国出兵围攻赵国京都邯郸。赵王向魏王请求支援，魏王派出大将晋鄙领兵十万前去救援。但是，魏王慑于秦军的气焰，当魏军行进到半途中，魏王命令晋鄙按兵不动，进行观望。见此，信陵君再三请求魏王下令进兵击秦，魏王不听。信陵君认为，魏赵互为唇齿，唇亡齿寒，赵国灭亡，必然威胁到魏国。于是他设法说服了魏王的宠妃如姬，窃得了魏王调动军队的兵符。信陵君让勇士朱亥随从自己，带上兵符，假托魏王的命令，杀了大将晋鄙，夺得了兵权，击退了秦军，为赵国解了围。

事后，信陵君也知道得罪了魏王，所以赵国得救后，他让其部将带领他的军队回魏国去了，他自己和门客留在了赵国。

赵孝成王十分感激信陵君假传命令，夺取晋鄙的兵权，而保全了赵国。私下里，赵王和平原君商议，要把五座城邑封赏给信陵君。信陵君得知此事，内心十分得意，显露出一副沾沾自喜、自以为有功的样子。有位门客向他进言说："事情有不能忘记的，也有不能不忘记的。人家对您有恩德，您就不应该忘记；您对人家有恩德，希望您忘了它。况且假传魏王命令，夺取晋鄙军队来救赵国，对于赵国来说，您是有功的，对于魏国来说您可算不上忠臣啊。公子您这样自傲地把救赵看作功劳，我私下以为您这样是很不应该的啊。"

信陵君听了门客的这一番话，当即责备自己，惭愧得无地自容。

一天，赵王吩咐人打扫了庭院，宴请信陵君。赵王亲自迎接，行主人的礼仪，请信陵君作为贵宾从西阶上殿。按古代升堂礼仪，西阶为上首。此时，信陵君侧着身子谦恭地推辞，跟随赵王自东阶而上。坐下后，信陵君连称自己有罪，因为辜负了魏国，对于赵国也没有功劳。

赵王陪信陵君喝酒一直到接近黄昏，嘴里始终不好意思说出奉献五城的话，因为信陵君太谦虚了。

后来，信陵君终于留在了赵国。赵王送给信陵君一个地方，作为汤沐邑，就是斋戒自洁的地方。魏国也重新把信陵君封邑上的赋税收入送回给信陵君。后人对信陵君这种闻过深思、勇于改正的精神也给予了很高的评价。

宋弘劝桓谭改错

反躬自责，则仇者皆恩矣。

——石成金

宋弘，字仲子，东汉长安（今西安西北）人。汉光武帝时，他被提拔为负责监察、执法的中央高级长官。宋弘为官清正，尤其以诚实守信著称于世。

有一次，宋弘和沛国（今安徽濉溪县西北）人桓谭交谈，见桓谭精通五经而不拘泥，批评俗儒而不乏真知灼见，很是敬佩，便推荐他当参政议政的议郎。在桓谭前去上任时，宋弘语重心长地嘱咐桓谭说："你可要知道，我举荐你，是想让你以正直之道辅佐君主，做惊天动地的大事；而不是叫你去做那些只博得君主欢心的小事。可千万不要忘记啊！"桓谭点头答应，并重复了宋弘的嘱咐。

光武帝听说桓谭擅长鼓琴，就让他弹琴，一而再，再而三。宋弘听说后，非常生气，派人把桓谭叫来。桓谭进屋，宋弘不给他让座，责备他说："守信是人的重要美德。你曾亲口答应我，要以正直之道辅佐君主，做惊天动地的大事，可你竟然为讨好君主天天弹琴，耽误时光，空耗才华。你说是你自己改过，还是让我根据法律检举处罚你呢？"桓谭认错说："虽是圣上让我弹琴，但非故意，是因为不敢向圣上奏明自己的职责，才造成失信的！"宋弘便让他走了。

后来，光武帝大会群臣，叫桓谭弹琴。桓潭立时想起宋弘的话来，禁不住失去了常态。光武帝觉得奇怪，便问是怎么回事。宋弘离开座位，摘掉官帽说："我向圣上推荐桓谭时，已经奏明了目的，就是希望他能以正直之道辅佐君主；而他呢，却叫您喜爱上了凡俗的音乐。他没有执行辅佐诺言，您没有履行用人的诺言。失信之过根源在我！我理应受到削职惩罚！"光武帝听了恍然大悟，由奇怪变为惭愧，由生气变为高兴，立时向宋弘表示了歉意，说："爱卿差矣，失信之过在我一人身上，与你们无关。"这件事使桓谭很受教育，后来他坚决反对荒谬虚伪的谶纬神学，几次差点被杀，都坚持不悔。

宋弘不仅严格要求别人，而且对自己更苛刻。他总是时刻约束自己言行一致。有一次，光武帝关心姐姐湖阳公主的婚事，细微地观察到她对宋弘有意。他就先让湖阳公主坐在屏风后面，召见了宋弘，试探道："俗话说'地位高了换朋友，钱财多了换妻子'，这是合乎人情的吧！"宋弘说："不过我听说的是'贫穷时候的朋友不能忘，一块度过贫苦生活的妻子决不能休弃'。"光武帝回过头来，对着屏风说："事情不成喽！"

了解宋弘的人都说："宋弘确实是一个诚实守信的人啊！"

苏章劝友坦白自首

> 亡羊而补牢，未为迟也。
>
> ——《战国策》

东汉顺帝年间，朝中名臣苏章因为政绩显著，被派到冀州（今河北一带）担任刺史。他童年时代的好友贾明是在清河郡（今山东省临清县东面）当太守，正好归他管辖。

苏章到任不久，清河郡就有人前来控告太守贾明贪赃枉法，欺压百姓。

苏章接到状纸后半信半疑，因为在他的印象里，贾明和自己一样，从小就立下了长大后要报国安民的志向。那时候，他们俩人形影不离，一起读书写字，一起练功习武，后来又一起出来作官。虽然作官以后你东我西，很少联系，但是，贾明难道能够忘掉童年立下的志向吗？他真是不敢相信。

不过因为案情严重，苏章还是决定派人前去清河查实。结果，证明状纸上所说的件件属实。这时，苏章十分痛惜地说："贾明，贾明，你可真糊涂啊！"

朋友犯了国法，该怎么处理呢？苏章打算亲自去劝贾明坦白自首。

第二天，苏章带着衙役去了清河。刚刚住下，就在下榻的官邸设私宴招待贾明。酒席上，苏章对贾明非常热情，又是劝酒，又是添菜，两人兴致勃勃地谈论着童年时代的乐趣和友情。酒足饭饱之后，贾明乘着兴头对苏章说："现在做官的手脚都不怎么干净。你现在是我的顶头上司，如果发现我有什么过错的话，请一定包涵点。"

这时，苏章很严肃地对贾明说："我们今天是朋友聚会，是私事。明天我就要作为冀州刺史来清查你的问题，那是公事。公事就得公办。听说，这些年你贪赃枉法，聚了许多不义之财。如果你想争取宽大处理，还是趁早主动坦白自首为好。"

"难道你就不讲朋友的情份了吗？"贾明嗫嚅地说。

苏章很果断地回答："你要知道，我是皇上派来专门惩治贪官污吏的。如果袒护了你，那我以后怎么去处理别人呢？虽然这贪污腐败的现象现在处处都是，但如果听任这种现象存在下去，发展下去，那就会民生凋敝，民怨沸腾，国家也不能强盛和安定。况且，你这么做也是违背了咱们童年立下的志向啊！因此，你还是应当坦白自首，这是我的忠告。你要知道，我苏章向来是依法办事的，绝不会为了庇护朋友去破坏国家的法制。你还是回去好好想一想吧！"

听了苏章的一席话，贾明低头沉思了一会儿。他再也无心喝酒，便急匆匆地告辞了。

第二天天刚亮，贾明又来到刺史官邸，主动向苏章呈交了坦白书，全部退出了赃款赃物。苏章核实了贾明的罪证，如实上报朝廷，依法处罚了贾明。

苏章劝友坦白自首，办案不徇私情的事很快就在冀州一带传开了。大家都说，苏章是个清正廉明的好官。

贤妻劝夫

> 有过知悔者，不失为君子；知过遂非者，其小人欤。
>
> ——林逋

乐羊子，东汉时人，年轻时家里很穷。有一天，他出门访友回家时，突然看见路边杂草丛中有一块闪闪发亮的东西，拾起一看，黄澄澄的，是块金子。他大喜过望，兴高采烈地拿回家中。

“交好运啦，交好运啦！”乐羊子一进门便手舞足蹈地对着妻子叫道，“咱们可以过几天不愁吃穿的快乐日子了！”

“怎么一回事啊？”妻子惊诧地问道。

“你瞧，一块金子！”乐羊子把金块交给妻子看。

“你是从什么地方弄来的？”

“路上拾得的！”

“什么？”妻子一下把脸沉了下来，正颜厉色地说道，“我常听人说，有志气的人不饮盗泉之水，廉洁的人不食嗟来之食。这种拾来的财物决不能留用，它会玷污咱们的操行！你从哪里拾得的，就赶快放回哪里去！”

听了妻子的训诫，乐羊子满面羞惭，立即把金块放回了原处。

这件事使乐羊子受到很大的触动，他深感自己学问品德都很差，决心离家到远方向贤德的人学习。

妻子鼓励他去，临行时还谆谆嘱咐他虚心求教，不要挂念家庭，希望他学满功成，满载而归。乐羊子答应了。

可是一年不到，乐羊子背起行李回来了。

“你怎么这样快就回来了呢?”正在埋头织布的妻子惊讶地问道。

“离家后，我天天都想你，还是让我在家里读书，和你在一起吧!”乐羊子拉着妻子的衣袖恳求道。

妻子听了，气呼呼地站起身来。她找来一把菜刀，猛地将快要织成的布割断了。

“啊哟!你怎么把布割断了?”乐羊子叫了起来。

妻子大声说道：“我一丝一缕不停地织，才织好了这匹布。今天我把它割断，便前功尽弃了。求学也同织布一样，要日积月累，持之以恒，决不能半途而废。你中途而归，不就同割断这匹布一样吗?”

乐羊子听了妻子这番话，深受感动，说道：“你说得很对，我真不该中途辍学。”说完，便立即收拾行装，离家而去。从此他发愤攻读，整整七年都没有回家。

乐羊子终于成为一个学识丰富的人。

郭太劝人改错

> 闻过则喜，知过不讳，改过不惮。
>
> ——《陆九渊集》

郭太是东汉时期著名学者，山西太原人。家境清贫，幼年丧父，是母亲含辛茹苦将他抚养成人。

为养家糊口，母亲托人给他在县衙找个差使。他非常不高兴，对妈妈说："我不能低三下四地去侍奉那些官老爷。我要做一个有学问的人。"于是，他不顾母亲的劝阻，自己背着行李到成皋求学去了。他先是拜屈伯彦为师，三年后离开成皋到洛阳游学，又拜河南太守李固为师。李固很器重他，与他结成忘年交。他的名声也随之在洛阳传开了。许多学者，主动与他交往。但他还是想回到家乡去，造福于乡里。他临启程时，洛阳的学者不约而同地前来送行，黄河大堤站满了人，光车子就上千辆。

回到家乡后，郭太以教书为业。他不但学识渊博，而且教学有方，对学生全面负责，敬业精神极强。天资好的学生他给增加教学内容，让他们精益求精；对于不用心学的，他循循善诱，对症下药。有一个叫左原的学生，淘气出了名，触及到法律，学校将其除名。

左原从此名声很臭，平时见人也是灰溜溜的。一天，郭太在街上遇见了他，见他要往胡同里钻，连忙大声喊住了他，并说："走啊！陪老师喝两盅去。"左原很羞愧，不愿去，可是架不住郭太的劝，三拉两扯被拉到了酒馆。可左原闷闷不乐地坐在那里，低着头，一声不吭。

郭太说："又想过去的事儿啦！一个人难能可贵的是能认真地改正错误。战国时期，有个叫颜涿聚的人，原来是梁甫地方的强盗。后来做了齐国的将军。再看看段干木，他年轻时品德也不好，可后来却做了魏国有才干的官员。就连孔夫子最得意的门生颜回也有过错，何况咱们普通人呢！有了过错，不要怨天尤人，要深刻反省自己，痛改前非，争取做一个百姓爱戴的人，这才是努力的方向啊！"一席话，说得左原心里热乎乎的。自从被学校除名以后，他遭到的都是冷遇，人们的白眼他已看够了，从来没有人跟他这样交谈过。左原鼻子一酸，眼泪就流出来了。他站起来深深地给郭太鞠了一躬，说："郭先生，今后我一定按您的话去做，绝不辜负先生的一番苦心。"

还有一个叫贾淑的青年，经常鱼肉乡里，打骂成性。谁也不敢惹他，都称他为"小霸王"。可这个"小霸王"却非常敬重郭太，当郭太母亲去世的时候，他也来郭家吊丧。当时巨鹿地方学者孙威直来吊丧，看到贾淑在场，很不高兴，没等进门，转身就走了。郭太赶忙追上前去赔礼说："先生休怪，不是我有意接近名声不好的人，他主动来吊丧，靠近我，说明他有意改过，因此我接待了他，先生你看我这样做是否合适？"孙威直不说什么了。

以后，这些话传到了贾淑的耳朵里了。他非常感动，于是立志改过，终于成了受乡里欢迎的人。

郭太敬业精神强，做的好事很多，为乡亲造福，所以为后代传诵。

刘备责友

> 过则人皆有，未足为患，患在文饰。倘不文饰，非过也。
>
> ——杨庭显

刘备（161—223），三国时期蜀国的建立者。刘备不仅善交朋友，和关羽、张飞结为异姓兄弟，还能诚恳地帮助朋友。刘备和许汜两人推心置腹，无话不谈。

有一天，刘备和荆州刺史刘表闲谈，评论当世著名的人物，许汜也在座。当谈到徐州的陈登时，许汜插话说："陈登的文化教养太低了，总也脱不掉一股粗野人习气。"

"你有根据吗？"刘备诧异地问。

"当然有。"许汜说："头几年，他在吕布那做事，我去拜访他，他不但不搭理人，晚上他自己睡大床，却让我睡在小床上。"

刘备笑着说："他这样做是对的。"

许汜站起来正要分辩，刘备双手搭在他的肩上，诚恳地说："你在外面的名气大，人们对你的要求也就高了。现在兵荒马乱，老百姓够苦的了。你不关心这些，只打听谁家买肥田，谁家买好屋，尽想捞便宜。陈登最看不起这种人，他怎会同你讲心里话呢？他让你睡小床，还算优待你哩。若是我，就让你睡在地上，连小床也不让你睡。”

刘表大笑说：“许汜，你快改掉这毛病吧。”许汜感到刘备是真诚帮助自己，感激刘备批评人不留情面，并表示要改正自己的缺点。

孙权劝吕蒙就学

小人全是饰非，君子唯能改过。

——申居郧

吕蒙，字子明，三国时汝南富陂（今安徽阜南）人。他是东吴一员英勇善战的著名将军。

在吕蒙小的时候，因为北方战乱，他跟着母亲避乱到江东，青年时代就从军打仗，没有机会上学读书。虽然吕蒙很能干，英勇机智，又善于指挥，但是却没有文化。

吴王孙权很看重这位青年将军。有一天，他对吕蒙和另一将领蒋钦说：“你们现在都负有重任，应该多读点书，借以增长自己的知识和才干。”

吕蒙推托说：“军中事务太多，恐怕安排不出时间来读书了。”孙权开导说：“我不是让你们专搞什么经学，只是希望你们多涉猎一些古书，从中吸取历史的经验教训罢了。你强调忙，难道比我的事务还多吗？我年轻时就读完了《诗经》、《书经》、《礼记》、《左传》、《国语》，只是没有读过《易经》。掌管军政要务以来，又读了三史和诸家兵书，自以为大有裨益。你们二位很聪明，只要肯学，就会学好，为什么借故推托，自暴自弃呢？

你们应该迎头赶上。”

吕蒙听了孙权的一番劝告，深受感动。从此以后，他便利用一切零星时间，发奋攻读史书、兵书，知识越来越多，在军务上经常提出非凡的见解。

当鲁肃代替周瑜，领兵镇守陆口，经过吕蒙兵营的时候，顺便去看望吕蒙。两人喝酒时，吕蒙问鲁肃：“你身受重任，又同关羽的军队近在咫尺，将以什么计谋来防患于未然呢？”鲁肃贸然回答：“到时候再说好了。”吕蒙说：“东吴和西蜀如今虽然联合起来共同抗魏，可是要知道，关羽对于我们来说，毕竟是熊虎之患，怎么可以不预先定下对付他的计策呢？”当即，吕蒙为鲁肃策划了五条对策。鲁肃听了，不由得肃然起敬，马上离开席位，伸手拍了拍吕蒙的脊背，感叹地说：“我总以为老弟只会打仗，今天听了你的议论，学问竟然这样渊博，见解这样高明，真了不起！你已经完全不是当年在吴下的阿蒙了！”后来，鲁肃死了，吕蒙代其领军，袭破关羽，占领了荆州这个军事要地，为吴国建立了功勋。

孙权也曾这样赞扬吕蒙：“像吕蒙、蒋钦这样，年长以后，还能自强不息，力求上进，这在一般人是做不到的啊！尤其是富贵荣华之后，尚能放下架子，勤奋学习，这就更是难能可贵了！”

胡质辞交

有过是一过，不肯认错，又是一过。

——吕坤

张辽（169—222），三国时魏国名将，同护军武周原是密友，只是因为一点儿小事就突然闹僵了，见面竟然连话也不说一句。张辽听说胡质的学问和人品都不错，便托人给胡质捎话，说是要去拜访他，同他交个朋友。

胡质以身体不舒服为理由，辞谢了。

一天，张辽路遇胡质，看见胡质身体结实，红光满面，哪里有啥不舒服呢？他有些不高兴，埋怨说："老胡啊，我一心想跟你结交，你怎么嫌弃我呢？"

"这得问你自己呀！"

"怪我？"

"可不是！"胡质诚恳地说："交朋友，应看大节，不计小事，才能长久地保持友谊。武周为人不错，你也曾夸奖过他。现在，只为鸡毛蒜皮的小事，你就不理他了。我的才学比他差远了，怎能使你长久信赖呢？因此，我们俩好不了多久就会崩，还不如不结交呢！"

张辽听了又感激，又惭愧，连连称谢。随后，他给武周道歉，承认自己的错误，武周也作了自我批评，两人和好如初。胡质笑着对张辽说："知过能改，你这个人可交。"说着，他热诚地邀请张辽到自己家里去做客，终于成了好朋友。

丑女劝夫

> 贵莫贵于求过，病莫病于愎谏。
>
> ——石成金

魏明帝时，卫尉卿（官名）阮伯彦有个女儿嫁给高阳名士许允为妻。阮女能诗善赋，才德兼备，但深目塌鼻，黑矮粗胖，相貌奇丑。许允行完婚礼，进入洞房，揭开蒙头巾以后，才知自己娶了丑妇，一气而出，另居书房，再不入内。家里人屡劝不听，深以为忧。

过了几天，阮女正在窗前读《史记》，忽听外面报说有客人来访许相公，阮女便命使女去看客人是谁。不一会，使女还报说：“是沛郡桓范相公。”原来桓范与许允是好友，经常书信往来，这次路过许家，特来看望。

使女见好友久不入内，以为定会谈及娶丑妇的事，怕对主母不利，就担心地对阮女说：“老爷独居书房，视夫人如路人，太没道理。如果桓相公再议论夫人，恐怕老爷更不会进屋了。”

阮女毫不在意地说：“不用担心，桓相公不是那样的人，他一定会劝老爷进来看我的。”使女摇头不信。

谁知桓范听许允诉苦后，果然进行规劝：“阮家既嫁丑女与你，自是对你有情意。听说阮女容貌虽丑，却是很有才德，不亚古之无盐（有德才的丑女）。贤弟万不可因小疵而轻大德，还是进屋去吧。”

许允总觉丑妇难亲，不愿入内，经桓范多方劝说，方才勉强进房。谁知一见阮女，觉得奇丑无比，马上掉头又走。

阮女开头见丈夫进来，万分欣喜，正欲起身迎接，见他才到身边马上又走，知道是嫌弃自己貌丑，心里又气恼又伤心。她料定许允这次外出，决不再回，便上前拉住他的衣襟，低头说道：“你我既已成婚，就是百年夫妻，理应朝夕相处，相敬如宾，怎能长居外屋，刚来即走呢？”

许允本已嫌女貌丑，误己终身，心中一直不快，现在见她竟然拉住自己的衣襟，不让出去，更加厌恶，便生气地质问道：“古人说，德容工言，妇有四德，你具备了哪几德呢？”

阮女抬起头来，从容不迫地回答道：“新妇所乏，惟有容貌。其他女德，女工、女言，皆无所缺。然而士有百行，君其有几？”

许允傲然地说：“百行皆备。”

阮女见他毫无谦逊之意，竟然自吹自擂，便正色说：“百行之中，以道德为首，你看人只看外表，好色不好德，第一条就不合格，能说是百行皆备吗？”

许允见阮女义正辞严，无话可答，面现惭愧之色。阮女见丈夫有悔改之意，心中暗喜，便请他入座，又叫使女摆酒取菜，与许对饮。许允见夫人言语温柔，有德有才，心中也渐渐有了转意。当晚就宿房中，家里人见了，方才转忧为喜。后来许允为吏部郎，选官多用同乡。魏明帝听说此事，以为他结党营私，卖官鬻爵，便命武士逮捕许允。阮女听到这个消息，并不惊慌，便出去劝诫许允说："明主可以理夺，难以情求。这次面见皇上，只可讲明用人选官的道理，万万不要一味哀求，那样反会引起皇上的不满，带来大祸。"许允默记于心，便随武士同行。到了金殿之后，魏明帝厉声问许允道："有人告你选任官吏，多用同乡，可有此事？"许允俯首答道："确有此事。"魏明帝怒气冲冲地说："先皇武帝一向任人唯贤，你选任同乡为官，结党营私，败坏朝纲，该当何罪？"

许允挺身答道："陛下曾说举荐官吏是国家大事，一定要举荐自己熟知的人。臣之同乡，都是臣所深知的贤人。春秋时，祁黄羊举贤不避仇人，不遗亲子。臣虽不才，敢忘先王之训？请陛下派人检查臣所举荐的同乡是否称职，若不称职，臣甘愿领罪！"

魏明帝听许允说得有理，方才息怒。马上派人进行检查，方知许允举荐的同乡个个德才兼备，全都称职。于是魏明帝才让许允继续任职。

许允出狱回家，方知夫人有先见之明。从此，许允愈加佩服夫人的才德，再也不嫌她貌丑了。

王烈感化盗牛人

> 以责人之心责己则尽道。
>
> ——《张载集》

三国时北海人王烈，只是一个普通的读书人，并没有做官，但在老百姓当中，却具有很高的威望。

有一个人偷了别人的一头牛，被失主捉住了。盗牛的说："我一时鬼迷心窍，偷了你的牛，今后决不再干这种事。现在，随便你怎样处罚都行，只求你不要让王烈知道了。”

有人把这件事告诉了王烈，王烈立即托人赠给盗牛人一匹布。

有人问王烈：“一个做贼的人，很怕你知道，你反而送布给他，这是什么道理呀？”

王烈说：“做了贼而不愿意让我知道，这说明他有羞耻之心。既然知道羞耻，就不难转变，我送布给他，就是为了激励他改过从善。”

一年以后，有一天，一位老人挑着重担，正在艰难地赶路，忽然遇见一个人，对他说：“您年纪大了，挑这样重的担子，怎么受得了呀？我来替您挑吧！”

这人帮助老人挑着担子走了数十里，到了老人家门口，把担子放下，不告诉姓名就走了。后来，还是这位老人，在赶路时丢失了一把宝剑，被一位过路人发现了。为了避免让他人任意取走，过路人便留下来看守，等待失主。待老人去寻剑时，发现那位守剑的人，正好又是上次替他挑担子的人。

那老人十分感动，拉住他的手说：“你上回代我挑担，连姓名也不肯告诉我，现在你又路不拾遗，坐等失主，你真是个仁人君子啊！这一次，你一定要把姓名告诉我才是。”那人只好把姓名告诉了老人。

老人听后，心想：地方上出了这样一位好心人，应当让王烈知道。于是，便去告诉了王烈。

王烈听后，很受感动。他说：“惭愧啊！世上有这样好的人，我却没和他见过面。”随即设法打听，原来竟是从前的那位盗牛人。王烈不禁大吃一惊，十分激动地说：“一个人受了感化以后，改过从善的程度真是不可限量啊！”

王烈在家时，人们发生争执了，常常跑到他那儿去找他评理。但有人走到半路上又返回去了，或者是已经到了王烈家门口，却又不敢进去。

为什么会这样做呢，都是担心自己理屈，宁肯互相忍让也不愿让王烈知道自己无理。

尊重别人，以平等的态度对待别人，这是一般与人相处应取的态度。王烈与众不同的是，对大家鄙视的犯错误的小偷，也能尊重他，友善地对待他，以自己坦诚的态度感化他，使小偷变成有道德的人。

李勣教人惜粮

> 忠言逆耳利于行，良药苦口利于病。
>
> ——《增广贤文》

李勣（594—669），本姓徐，名世勣，赐李姓，为避太宗讳，去“世”字，单名勣。字懋功，曹州离狐（今山东东南）人。唐初大将，任唐右武侯大将军、司空等职，曾被封为东海郡公、曹国公、英国公。

李勣官高位显，禄厚薪丰，却十分节俭，尤其以悯农爱粮著称。

一天，家乡一个年轻人到京都拜见他。

吃饭时，桌上只有几盘素菜和几个麦饼子。李勣谈笑风生，大口大口地吃着。年轻人呢，吃了几口菜，觉得味道清淡，就懒得伸筷了，咬了几口饼子，觉得饼子很硬，就把饼皮撕下来，偷偷扔在地下。

年轻人的举动，被李勣看见了，心里很不高兴，便对年轻人说：“年轻人，我想向你请教一个问题！”年轻人道：“您老识多见广，何言请教？您有什么话只管说吧！”

李勣说：“我自幼家富，不知这饼子是怎么来的。你生在农村，一定熟悉，能讲给我听听吗？”年轻人回答：“这很简单，经过犁、耙、种、锄、收、打，便可得到麦粒；再将麦粒磨粉，就可得到面；再将面用水和，上锅烙，便可得到饼子。”

李勣捋着胡子笑着说："哈哈，你说得不错。可是，这犁、耙、种、锄、收、打，还有磨、和、烙，就像你嘴说那么简单吗？锄得头顶烈日，脚踏灼土，大汗淋漓，嗓子冒烟！还得浇水吧，那可要吱呀呀，吱呀呀，不停地摇辘轳，从早摇到太阳下山，摇得腰酸背痛手又麻。年轻人，你没干过这些活吧？"

年轻人回答："我父亲从不让我干这些。"

李勣说："怪不得你这样不珍惜粮食呢！"

年轻人听了，面红耳赤。李勣令仆人拾起扔在地上的饼皮，用水洗净拿来，一块块放在嘴里。他吃得是那么津津有味。吃完，他抹了一下嘴说："谁知一颗麦粒，千分苦啊！"

从此，年轻人改了旧习，李勣悯农爱粮的故事也被传为佳话。

柳公权除满破骄自成一家

> 不贵于无过，而贵于能改过。
>
> ——王守仁

柳公权，中国唐代著名的书法家，"柳体"的创立者。他创立的柳体和临写的《玄秘塔》直至今天仍然是人们学习、临摹的权威性字帖。

柳公权自幼聪明好学，特别喜欢写字，到了十四五岁便能写出一手好字，经常受到老师的表扬。日子久了，他心里美滋滋的，不知不觉就骄傲起来，以为天下"唯我独尊"了。

有一天他和几个伙伴们玩耍，玩什么好呢？这个说捉迷藏，那个说摔跤，柳公权说："不行，不行，咱们还是比比谁的字写得好吧！"于是大家只好同意，便在大树下摆了一张方桌，比了起来。

柳公权很快写了一篇，心想：我肯定是第一了，谁能比得过？心里这样想着，脸上也显露出扬扬得意的神情。这时，从东面走过来一位卖豆腐的老汉，这老汉早看出了柳公权的傲气，决定给他泼点儿冷水。他说："让我看看。"他挨着个看了一遍说："你们的字都不怎么样。"

这对柳公权来说，真如晴天打了个响雷，他长这么大还从未有人说过他的字不好呢，他又追问："我的字到底怎么样？""也不好。你的字就像我担子里的豆腐，软塌塌的，没筋没骨的。"老汉说。

柳公权一听老汉的评价，马上不服气地说："我的字不好，那么请你写几个让我瞧瞧！"老汉笑道："我一个卖豆腐的，你跟我比有什么出息。城里有一个用脚写字的人，比你用手写的强几倍呢，如果不服气，你去瞧瞧吧。"

第二天，柳公权带着满肚委屈和狐疑进城了。到了城里一打听就找到了，就在前面不远的一棵大树上，挂着一块白布，上面有三个大字：字画汤。树底下，许多人正围在一起低头瞧着地下。柳公权急忙跑过去一看：确是一位老人已失去双臂，正坐在地上用脚写字呢。只见地上铺着纸，他用左脚压着一边，用右脚的大拇指和二拇指夹住毛笔，运转脚腕，一排道劲的大字便出现在人们的眼前。众人一阵喝彩："好，好！"

柳公权都看呆了，真是不看不知道，山外有山，天外有天啊！自己有完整的手臂，还赶不上人家用脚写的，还骄傲自满，自以为天下第一了，惭愧，惭愧。

想到这里，柳公权来到无臂老人面前，双膝跪倒，说道："先生，请受徒儿一拜，请您教我写字吧。"

无臂老人推辞道："我一个残废人，能教你什么，只是混口饭吃罢了。"柳公权说："请您不要推辞了，您不收下我，我就不起来！"这老者见他情辞恳切，心里一动，说道："你要实在想学，那么你就照着这首诗练下去吧。"说罢，老人又用脚铺开一张纸，挥毫写下一首诗：

写尽八缸水，墨染涝池黑，

博取众家长，始得龙凤飞。

这首诗，是无臂老人一生练字的真实写照。那意思是说练字的辛苦，练字的工夫，用尽了八缸水，染黑了涝池水，博取众家之长，虚心学习，才有今天这苍劲有力的龙飞凤舞。

柳公权是个聪明人，早已领略了这诗中的寓意，他不但懂得了写字必须勤写勤练，虚心学习，更懂得了做人亦不能恃才傲物，否则将一事无成。

他怀着不可名状的感激之情，接过了老人的诗，急切又羞愧地回到了家。打这以后，他从不在人前炫耀自己，每日里挥毫泼墨，练笔不止，悉心研究揣摩名人字帖，最后终于练成流传千古的“柳体”。

段秀实劝郭晞整顿军纪

> 克治大过固不易，克治小过犹独难。
>
> ——梁启超

安史之乱以后，中兴功臣郭子仪名震朝野，他的儿子郭晞也当了兵部尚书。他们父子统领的军队号称“郭家军”。

郭家军多年驰骋疆场，很能打仗。但平时管束不严，纪律松弛。有一次屯兵邠州时，将士们竟然在大白天进商店强拿东西，看见不顺眼的人动手就打，甚至连孕妇也打伤了。当地的地痞流氓觉得郭家军是个靠山，就纷纷找关系、托门子，在军营里占个空名，穿上军装在邠州城里为非作歹。

面对郭家军的横行不法行为，邠州节度使白孝德虽然心里不满意：但他害怕得罪了郭家父子，所以不敢去管。泾州刺史段秀实有一次来邠州开会，看见这种状况十分焦急。他跑去问白孝德：“您受朝廷委派治理邠州，现在这里乱成这个样子，您怎么不管呀！”

白孝德说：“郭家军的名气很大，我敢管吗？”

段秀实说：“您如果委派我在邠州管理治安，我就有办法制服那些郭家军里的不法分子。”

白孝德说：“这还不好办吗？我现在就任命你为邠州的都虞侯，专管治安。”段秀实上任后，立即贴出告示整顿治安秩序，宣布若有横行不法之事，无论是谁都要从严惩处，轻则鞭笞，重则斩首。

告示刚刚贴出，就有几个郭家军的兵丁在酒店里喝酒闹事。他们用刀刺死店主，还砸碎了酒瓮，酒流得满街都是。段秀实闻讯，立即派出执法队，将闹事之徒全部抓起来就地正法。当地百姓看见这伙祸害地方的家伙受到惩处，都十分高兴。

可是这消息一传进郭家军的营房，兵士们就大吵大嚷起来。他们要求主帅郭晞下达命令，去和邠州节度使属下的人大干一场，取下段秀实的脑袋。

这下子可把邠州节度使白孝德吓坏了。他向段秀实说：“你闯了这么大的祸，可咋办呀？”段秀实说：“你不要害怕，我亲自去和他们讲道理！”

白孝德要派一队兵丁随同前往。段秀实坚决不带一兵一卒。他解下了自己身上的佩刀，骑了一匹老马，就去了郭家军的营房。

郭家军的兵丁全身披挂，已经整装待发。段秀实看见这个阵势，赶忙迎上去，一面笑着打招呼，一面若无其事地说：“你们要杀一个手无寸铁的老汉，还用得着这么大动干戈吗？我今天已经把自己的头带来了，等见过郭尚书，就由你们处置我吧！”

经过允许，段秀实进了营门。他一见到郭晞，就开门见山地说：“你父亲郭子仪老令公是中兴功臣，大家都很敬重他，你应该珍惜这个荣誉。可是现在你却纵容部下在邠州横行不法，万一激起民变，朝廷就会怪罪下来。到那时，郭家的名声也就全毁了。”

郭晞听了这话猛然醒悟。于是，他怀着感激的心情对段秀实说：“您指教得很对。我一定听从您的劝告，严惩那些行凶作恶的人，把部队的纪律整顿好。”

郭唏一边说，一边告诉侍卫：“快去传达我的命令，全军将士一律回营房休息。今后谁再上街胡闹，定严办不饶。”

从此以后，郭家军军纪肃然。邠州地方的社会秩序也安定下来了。

赵匡胤改邪归正

知不足，然后能自反也。

——《礼记》

宋朝开国皇帝赵匡胤，年轻时武艺超群，随身总是携带一根盘龙棍，时不时舞上一阵，但他有武无德、不务正业，整天泡在赌场上吆五喝六，和赌徒们一起鬼混，输多赢少。父母、亲戚、好友的规劝，他左耳进右耳出，根本不当回事。倒是让一老瓜农狠狠地教训了一顿，从此改邪归正，专心习文练武，最后成就了一番大事业。

一个盛夏的夜晚，赵匡胤在赌场上输得分文皆无，灰溜溜地走出来，昼夜狂赌使他口干舌燥，又饥又渴，正好路过一片西瓜地，便蹑手蹑脚、猫着腰进去偷瓜吃。月光下，他挑选了一个又大又圆的西瓜，一拳砸开就狼吞虎咽地吃起来。突然，被躲在暗处看瓜的王老汉逮个正着，赵匡胤提起盘龙棍拔腿就跑，被王老汉一把拉住。王老汉厉声喝道：“瓜吃完了吧？给钱！”赵匡胤以为王老汉要讹他，就想耍赖，脖子一横，问：“你要多少钱？”没想到，王老汉伸出一个手指头说：“看你也没多少钱，不跟你多要，不难为你，就要一文钱。”这下赵匡胤傻了眼，他往衣袋里摸了又摸，把衣袋翻了个底朝天，硬是一文钱也掏不出来，急得憋了个大红脸。实在找不到钱，便双手把盘龙棍递给王老汉作抵押。王老汉拿过盘龙棍，两眼盯着赵匡胤叹道："可惜呀！可惜！这条盘龙棍要是拿在英雄手里，可建功立业、治国平天下；今天拿在你手里，却只能在赌场上耍威风、瓜棚里作押头！"

王老汉几句肺腑之言，说得赵匡胤无地自容，他暗下决心，从此改邪归正，永不进赌场。后来，赵匡胤果真远离了赌场，任凭赌友怎样引诱，他立场坚定，决不踏进赌场一步，专心致志地习文练武，并关心国家大事。

十年后，赵匡胤登上皇位，做了大宋王朝的开国皇帝。这时，看瓜的王老汉已经作古，为了感念王老汉当年劝诫之恩，赵匡胤下旨为恩人王老汉大修坟墓，并亲手写下"义士王老汉之墓"的碑石，命令地方官要定期祭奠并修葺坟墓。

王安石教人节俭

> 人能改过，则善日长而恶日消。
>
> ——钱琦

宋朝著名政治家、文学家王安石一生致力于变法事业和文学创作，对于吃穿打扮这类事情，从来也不放在心上。平时，朋友们看见王安石总是穿着一件旧衣服。有个朋友就说，安石准是有了怪毛病，一定是不喜欢穿新衣服。为了验证这一猜想，有一天，趁洗澡的时候，他偷偷地把王安石的旧衣服拿走了，又放上了一套华丽的新衣服。过了一会儿，王安石洗完澡，拿起那套新衣服，连看都没看，穿上就走。他根本没发现自己的衣服被人换过了。这时，朋友们才明白，王安石专心干事业，对平时穿什么衣服根本不注意。

至于吃饭，王安石从来也不挑拣，家里做什么，他就吃什么，只要能吃饱就行了。后来，王安石做了丞相，家人们私下传说他爱吃獐脯。这话传进王安石夫人的耳朵里，夫人好生疑惑，心想：相公平日吃东西从来不挑拣，难道做了丞相口味就变了吗？想到这里，就唤来家人问道："你们怎么知道相公爱吃獐脯呢？"家人答道："我们亲眼看到相公不吃别的，只吃獐脯。"

夫人想了想，又问道：

"吃饭时，獐脯放在什么地方？"

家人说："放在相公面前。"

夫人心中一动，吩咐说："明天吃饭时，你们把獐脯放到离他远的地方去，把别的菜放在相公面前，看看相公怎样？"

第二天，家人来报告说："我们照夫人的吩咐做了，今天相公只吃了眼前的菜，那盘獐脯连动也没动。"

身为宰相的王安石，虽官高禄厚，但自己不讲究穿、不讲究吃，招待来客也不失节俭。

一次，王安石儿媳家的萧姓公子，趁来汴京游玩的机会，特地穿上华衣锦服，来拜相府。这位萧公子，在家娇生惯养，吃惯了美味佳肴。这次来相府，满以为会有什么珍馐美味大饱口福。一上午，禁食节茶，以迎盛宴。

时近中午，仆人来唤。萧公子跟随仆人来至餐厅。出公子意料的是，桌上只有几盘家常便菜，几杯薄酒。他有些失望了，又一想：宰相府焉能如此寒酸！酒过数巡，王安石说了声："进汤饭来！"随后，仆人便把一盆汤和两盘薄饼放在桌上。萧公子彻底失望了，只好拿起一张饼，去掉边和皮，勉强吃了饼心，便撂筷了。这萧公子哪里知道，这便饭还是王安石的待客饭呢，他平日只有一菜一汤啊。王安石看了看桌上的残饼，想：百姓多有食草根、树皮、观音土者，年轻人竟如此不知节俭，怎能兴国立业！于是，对萧公子说："公子，你读过唐朝李绅的悯农诗《锄禾》吗？"萧公子答道："读过。"接着背了起来："锄禾日当午，汗滴禾下土。谁知盘中餐，粒粒皆辛苦！"王安石捋着胡子说："背得好！公子，你一定知道这诗的含义吧？"王安石的小儿子抢着说："我知道，是说农夫顶着晌午的烈日去锄禾，汗滴洒在禾苗下面的土里，谁能知道盘子里的饭，一粒粒都是辛苦劳动换来的。"王安石道："说得好。既然这盘中餐，粒粒皆辛苦，我们把这残饼吃了吧！"说完，拿起一块，大口大口地吃起来。萧公子赶快抢着吃……

王安石倡节俭食残饼的事，一时被传为佳话。

寺僧惜谷

能补过者，君子也。

——《左传》

北宋末年，汴京（今河南省开封市）城内的大佛寺侧住着一位姓王的财主。王财主一家老小，个个挥霍浪费，每顿的白米饭和鸡鸭鱼肉，要是不合口味，全都拿去倾倒在阴沟里。一些亲朋友邻实在看不惯，一再劝诫他们注意节约，王财主不仅不听劝告，反而气势汹汹地说："我家里的事，旁人休得多嘴！"

宋徽宗宣和四年（1122 年），金兵南侵，包围了京城。城内粮食断绝，王财主一家人饿得面目浮肿叫苦连天，后来实在忍不住了，王财主便带着几个有气无力的儿子，到大佛寺去，准备挖剥寺庙内榆树的根、皮充饥。

他们来到几株大榆树下，正准备动手，一个和尚走到了他们的面前，大声劝阻道：

"王施主，你们别挖了！"

"啊哟哟，大师父行行好事，俺家里什么可吃的都没有了，一家老小快饿死了，实在受不了呀！"王财主以为和尚不让他们挖剥榆树，便哀声乞求。

"饥饿是不好受啊！"和尚叹了口气说，"不过，你们也不用挖树剥皮，跟我来吧，我让你们看一样东西！"

王财主父子满心疑惑地跟着和尚经过佛殿，来到寺院的后仓。

一进后仓，他们不由得大吃一惊。在他们面前，出现了用竹席围住的象一座小丘似的干米堆。

"大师父！"高兴得手舞足蹈的王财主叫了起来，"真没有想到你竟积藏了这么多的白米，阿弥陀佛！阿弥陀佛！"接着，他连忙给和尚作了一个揖，恳求道："师父大慈大悲，多少赏一点给我们填肚活命！"

"这……"

"啊哟！大师父！救人一命，胜造七级浮屠，我们给你老人家跪下了！"说完，拉着儿子"叭"地跪在地上。

"唉！"和尚深深地叹了一口气，说道："快别这样，回去拿家什来，把这米都搬回去吧！"

"什么？都给我们?!"王财主简直不相信自己的耳朵。

"不用惊讶，让我告诉你们这些米的来历，"和尚接着说道，"自贫僧来到大佛寺削发出家以来，每次路过你家后院，总看到阴沟里流出一槽槽的白米，真叫人看了心痛啊！俗话说，一米一粟，当思来之不易，于是，贫僧每日用钵从沟中将米捞起来，用清水洗净，晒干后放存在这库房之中，日集月累，竟有了这么多。这些粮食原都是你家的呀！你们搬回去吧！"

王财主和他的儿子听了和尚这番话，羞愧得满脸通红，愣在那里不知说什么好！

和尚接着正色道："物归原主，理所当然，快搬回去吧。不过，贫僧有一言相赠，不知施主是否愿听！"

"请指教，请指教！"王财主忙答道。

"'谁知盘中餐，粒粒皆辛苦'，此乃唐朝诗人李绅的两句名诗，望你们日后牢记!"

王财主连声说道："一定牢记，一定牢记!"说完，千恩万谢，回家找来箩筐，把米一筐一箩地抬了回去。

海瑞教下属节俭

人之有过，苦不自知，唯旁人视之甚明，必须虚己下问，始得闻而改悔。

——石成金

明朝著名清官海瑞，耿介忠贞，刚直不阿，不畏权贵，甚至上疏批评皇帝。他在生活上也十分俭朴，反对奢侈浪费。他常说："人应正直节俭。正直的人必会节俭，因为正直的人明事理。不节俭就很难正直，奢侈浪费与贪污腐化是很接近的。"

他对家人说："我的薪俸不高，家中人口又多，一定不可浪费。饭食清淡一些，不要经常买肉。"

有一天，因为海瑞的母亲过生日，他家仆人才破例一次买了两斤肉。作为县令，送礼行贿者大有人在。海瑞一概拒之门外，也严禁下属贪赃枉法。有些好心人见他日子过得节俭清贫，就时常送些蔬菜之类，海瑞发现后及时退回。他在衙门的空地上开垦了一片菜地，种上了新鲜蔬菜。

为了节省开支，他让家人闲暇时都上山砍柴。

1569年海瑞升任右佥都御史、钦差总督粮道巡抚应天十府。这个职务权力很大，地位显赫，每次出巡，按朝廷规定，前有鼓乐引导，后有护卫，左右有旌旗官牌，三班六役，前呼后拥，十分威风。海瑞看不惯这一套劳民伤财的制度，很想废除它。于是，他下令，每次出巡，不再用鼓乐仪仗，也不许当地官员出城迎送。

过去，地方上的官吏常常利用上司巡视，搜刮民财，翻建住房，新建馆所。为了杜绝这种现象，海瑞通知沿途各县，不要改建新建房屋，也不许添置设备，就连房中用品也不必更换，因陋就简，有住的地方就可以了。

不久，海瑞再次出巡，第一个县是他十分熟悉的地方。

到了县界，果然没有人迎接，住进驿馆，一切也都如旧时一样，没有添置新设备。海瑞对此感到很高兴。

知县送海瑞来到驿馆的正厅。海瑞曾多次来过这里。他习惯地站在堂前打量一下全室，然后坐在椅子上休息。陪同的人也都一一入座。海瑞刚要让县令汇报情况。突然，他觉得椅子有些不对劲。他伸手摸了摸椅子坐垫，心里明白了。他站起身，走到卧室去看。一看，卧室里的被褥，还有那椅子的椅垫都换成了崭新的绸面。

海瑞很生气地质问知县："三令五申，你怎么明知故犯。我明明记得那旧的绸面并不破旧，为何更换？"

县令面带愧色，说："下官想……"

海瑞大声呵斥说："想让我住得舒服？想让我高兴？对不对？我不需要！我看到这些并不高兴！"

县令受到申斥，他并不委屈，只感到海瑞清廉刚正名不虚传。他忙说："我立即让下人们换下，仍恢复原貌。下官一定记住大人的叮嘱。"

郑板桥劝塾师改过

有过必悛，有善必惧。

——《国语》

清高宗乾隆元年（1736 年），四十三岁的郑板桥考中进士后，分发到山东范县（今河南范县）任知县。不久，又调到潍县（今山东潍县）任职。在潍县期间，他爱民如子，办事勤谨，为了实现他“读书志在圣贤，为官心存君国”的愿望，他经常微服外出私访，了解民情。

有一天，郑板桥办完公务，换了便装，独自离了县衙，到乡间去查看乡情。路过山弯的麻柳树下，忽然听见旁边的私塾传来讲书的声音，不由心里一动。他在未做官前，曾经卖过画，办过教馆，对教书一向关心。他想，不知这塾师讲得如何，何不去听一听呢。他来到私塾窗前，这时，塾师讲书的声音清晰地传入耳中：“为人之道，‘临财母苟得，临难母苟免’。就是说，遇到不应该得的钱财，要坚决拒绝，不能随便要；遇到危难时，要勇于承担责任，不要推脱。能做到这样，就算是懂礼的人了。”郑板桥一听，方知塾师在给学生讲《礼记》，道理解释得对，就是把字音读错了。《礼记》的原文是“临财毋苟得，临难毋苟免”。塾师把“毋”（音“无”）念成“母”，读了别字，他认为应当马上向塾师指出来，以免谬种流传，误人子弟，于是推门而进，走到塾师面前。

那塾师是个衣着简陋的中年人。他见郑板桥一身布衣，貌不惊人，未经许可便突然闯入，打扰了他的讲书，便生气地问道：“你是什么人？怎敢擅入讲书之地？”

郑板桥笑道："愚下乃过路之人。适才窗前聆听讲书，大开茅塞，获益良多。只是有一字不明，尚望老师赐教。"

塾师见郑板桥态度谦恭，以为是山野村夫，便傲慢地问道："何字不明？"

郑板桥不慌不忙地回答说："刚才老师念到'临财母苟得，临难母苟免'，不知这句中的'母'字作何解释？"

塾师以为郑板桥识字不多，孤陋寡闻，便趾高气扬、摇头晃脑地解释说："母者，莫也，有何难懂？"说完又面露得意之色。

郑板桥见塾师继续认别字，且态度傲慢，便毫不客气地批评说："老师你错了，'母'乃'公母'之母，'毋'字才能作'莫'字解，'毋'音'无'，中间一笔拖出，'母'与'毋'形近音异，你要读成'毋'字才对。"

塾师这时方知遇到行家，有些心虚，但嘴上仍然强硬地说："多少年来我就是这么读的，决不会错，就是'母'字。"

郑板桥见他十分执拗，便提高声音严肃地说："老师，你知错不改，这样教书，是要误人子弟的。"

塾师见郑板桥当着众学生的面训他"误人子弟"，伤了他的脸面，就怒气冲冲地责问："你是什么人？竟敢当众教训我？"

郑板桥却不回答，不慌不忙地从衣襟中拿出两方他在画幅间常用的印章，交给塾师。塾师见一方印是"七品官耳"，另一方印为"康熙秀才雍正举人乾隆进士"，方知是能诗善画、关心民情的知县大人到了，顿时吓得面如土色，连忙跪下叩头："小人有眼不识泰山，胡言乱语，冲撞大人，请大人恕罪！"

郑板桥严肃地说："冲撞我倒不必计较。只是你念错了字，还坚持不改，如此为人师表，岂不要误人子弟！"

塾师一听郑板桥言下有辞退他教馆之意，惶恐不已，连连叩头："小人才疏学浅，实不敢滥竽充数，只是时值荒年，生计艰难，万望大人格外开恩，仍让小人在这里教书糊口吧！"

郑板桥把手一摆，说："你起来吧！"

塾师以为郑板桥同意他继续教书，高兴地爬起来，又连连打躬作揖致谢："多谢大人开恩！"

郑板桥严肃地说："别忙，你想教书不难，我出个对子考考你，对得上就让你继续教书，对不上嘛……"说到这里，他停顿了一下。

塾师幼时学过《笠翁对韵》，现在还记得一些，以为对对子不难，便连忙答道："对不上，小人情愿辞馆。即请大人出对！"

郑板桥坐在椅上，提笔在纸上写了上联："曲礼篇中无母狗。"

塾师见县太爷以他刚才念错的字出联，不由满面含羞，低下了头。这样的上联在原来学过的《笠翁对韵》中，没有现成的对子。他搔头抓耳，想了好半天，仍然对不上来，就收拾书箱、被盖，羞愧地离开了。

三年后的一天下午，郑板桥理完公事，回到后衙休息。他随手翻看《札记·曲礼》发现了夹在书中考塾师的上联"曲礼篇中无母狗"，不由想起了三年前垫师含羞离馆的事。那个塾师现在情况如何呢？教书糊口确也不易，那时怕是对塾师过于严厉了吧？他不禁想起自己当秀才设馆时写的《教馆诗》，深有感触，便提笔抄写在纸上：

教馆本来是下流，傍人门户渡春秋。

半饥半饱清闲客，无锁无枷自在囚。

课少父兄嫌懒惰，功多子弟结冤仇。

而今幸得青云步，遮却当年一半羞。

抄完诗后，他不由叹了口气，往年教书不易，现在做官也难啊！想到做官之难，他又联想起前些时候送给巡抚一幅画竹上的四句诗："衙斋卧听萧萧竹，疑是民间疾苦声。些小吾曹州县吏，一枝一叶总关情。"便把《教馆诗》放在一边，又画起竹来，刚画一会，家人进来报说："禀老爷，门外一个秀才求见。"

郑板桥一边画竹，一边回答："有请！"

不多时，一个衣冠整齐的秀才走进门来，见了郑板桥倒头便拜。

郑板桥连忙扶起，仔细一看，原来是三年前羞愧辞馆的那个塾师。见他换了秀才装束，便高兴地说："三年不见，你中举了，可喜可贺！"

秀才感激地说："三年前多蒙大人训教，学生才能闭门思过，发奋攻书。如今侥幸得中，这都是大人督促之恩啊！"他说到这里就从衣襟中掏出当年的对子，恭谨地递到郑板桥手里，接着又说道："这是大人出的上联，学生已经对出来了，请大人指正！"

郑板桥一看，纸上用工整遒劲的楷书写着一副对联："曲礼篇中无母狗，谷梁传外有公羊。"完后，他才知道塾师三年来已认识到自己读别字的错误，认真读过古书，对《春秋》三传——《左氏传》《公羊传》《穀梁》传都很熟悉，便高兴地说："对得好！对得好！'穀梁传外'对'曲礼篇中'，'有'对'无'，'公羊'对'母狗'，字字工稳，妙语天然。士别三日，当刮目相待，三年不见，判若两人。有如此才学，你现在可以当老师了！"

说完，他提笔补了两笔，把竹画完，马上落款，然后送给秀才，又说了一番奖励的话。秀才千恩万谢，高兴而去。

义责任伯年

人非尧舜，安能无过？过而能改，且改之又改，即是圣贤功夫。

——《陈确集》

晚清著名画家任伯年成名以后，向他求画的人日益增多。而他却疏懒起来，常常是收了别人的画资，一年半载不给人家作画；有时去催问他，不是含糊其辞，拖延时日，便是闭门不见。

有一天，任伯年的两个朋友戴用柏和杨伯润路过他的家门外，看见一个十来岁的孩子正倚墙伤心啼哭。他们非常奇怪，上前问道："小孩，你为啥哭啊？谁欺负了你吗？"孩子一边抹泪水，一边诉说道："不是，我是来向任先生讨画的！"戴、杨二人更感诧异，问道："讨画为何在此啼哭呢？"孩子说道："我是前街珠宝店的学徒，老板在半年前给任先生二十两银子，请他作画，本说一月画好，老板便叫我来讨画，哪知道，我来了四五趟，任先生都没有画好，每次空手回去，老板总是骂我无用。今天，老板又叫我来，说是再讨不着，就把我赶出店去，可是任先生仍未画好，呜……"说着他又大声哭了起来。

戴用柏是个急性子，听了孩子的哭诉，气得大声说道："成了名画家就该这样拿架子拖拉害人么？"说完，他叫孩子等着，拉着杨伯润闯进门去。

一走进任伯年的卧室，只见他正懒洋洋地横躺在床上，对着昏暗的烟灯，提着烟枪吞云吐雾。

"快起来！"怒气冲冲的戴用柏猛地把桌子一拍，大声叫道。

任伯年吓了一跳，急忙坐起身来，问道："出了什么事了？"

"什么事！我且问你，为什么收用了别人的画资却半年不画，害得那小孩子在外面啼哭，这是什么道理？！"

"这个……"

"别这个那个的，马上给人家画好！"戴用柏不由分说，把任伯年一把拉起来。

"好，你们不用生气，我马上给他画。"任伯年理亏，只得皱着眉头走向画案。

戴、杨二人给他铺纸研墨，等着他作画。

任伯年不愧是大手笔。他稍一凝思，即提笔落墨，不一会儿，一幅柳林落日的山水画就画好了。

这时，戴用柏高兴地笑了起来，拍了拍任伯年的肩头说："这才对嘛。不过，望你老兄今后再不要偷懒了，免让人耻笑！"一席话，说得任伯年脸红了。

说完便将画幅拿出去交给了那孩子，孩子接画后，千恩万谢而去。

林纾给先生送米

责我以过，皆当虚心体察，不必论其人如何。

——石成金

林纾，福建省闽县（今福州）人，是清朝末年一位有名的文学家。

林纾从小就是一个心地善良、愿意帮助别人解决困难的人。在家乡，他曾从师于一位品格高尚、为人质朴的老先生。这位老先生也是一个乐于帮助别人的人，他生活虽然很清贫，还常常把钱粮送给生活更贫苦的乡亲，而自己却经常饿着肚子教孩子们读书。

有一天，老先生病了，林纾知道后，决定前往探望。当他走进老先生的家时，看见屋里陈设十分简陋，除了一些书籍、一张桌子、一把椅子和一张床外，就没有别的家具了。老先生虚弱地躺在床上，正在昏睡，林纾悄悄走到米缸前，揭开盖一看，不禁大吃一惊：里面一粒米也没有了！看着老师瘦弱的身体，林纾心里非常难过。他想：老师为了教导我们，花了很多心血，现在他得了重病，又没有人照顾，连米也没有，饿着肚子，病怎么能好呢？我应该想办法，给老师弄点米来。

林纾从老先生家里出来，就径直朝自己家跑去。

回到家里，大人们正好都不在家。林舒想：我何不把家里的米拿一些给老师送去呢？可是，拿什么装呢？他环顾四周，忽然看见一双洗干净的袜子，他灵机一动："对，有了！"他拿起这双袜子，就去装了满满两袜子米，然后又向先生家跑去。

林纾到了先生的家，推门一看，老先生刚刚醒来。老先生看见林纾手提着一双鼓鼓囊囊的袜子，跑得满头大汗，十分奇怪，正要开口询问，林纾就抢先开口了。他兴奋地对老先生说："先生，我给您送米来了。"

老先生看着装得满满的两袜子米，又看了看林纾冒着汗充满稚气的脸，心里十分感慨地想：这是一个多么天真善良的孩子啊！但是又一想：奇怪，装米为什么不用布袋，却要用袜子呢？这里边一定有文章。于是，老先生和蔼地问："你这是从哪儿弄来的大米呀？"林纾恭恭敬敬地回答道："我家里大人正好都不在，我就用这双袜子装了大米，给您送来了。"

老先生一听，神情一下变得严肃起来，他勉强支撑着身体坐了起来，非常吃力地说："我平时不是教育你们做事要光明正大吗？你怎么能不和家里大人商量，就悄悄把家里的米拿来送我呢？这不是和偷东西一样吗？这种米我吃下去，也会不舒服的啊！快把米送回去！"

老先生的一席话，使林纾深受教育。他本想说些什么，为自己辩解一下，但一看老先生严厉的面孔，就不想再惹他生气了。于是，林纾两眼含着泪水，离开了老先生的家。

林纾回到家后，将老先生生病和自己送米的事情向父母讲了。父母也被老先生的为人感动了，他们将家中并不富余的米分出一部分，装进布口袋，叫林纾赶快给先生送去，并嘱咐他，要好好照顾老先生。

这件事使林纾对先生的人品有了更进一步的了解。从此以后，他不仅努力向先生学习文化知识，而且努力向先生学习做人的道理，他对自己的先生更加敬重了。

杰克逊知错认错

一个人必须把他的全部力量用于努力改善自身，而不能把他的力量浪费在任何别的事情上。

——《托尔斯泰传》

19世纪初，英国派出大军跨越三千英里海域，侵略独立不久的美利坚合众国。英军来势汹汹。美军统帅杰克逊根据当时敌强我弱的特点，在新奥尔良地区会战时主动放弃了几个城镇，避开英军主力，打了一些迂回战。这本来是弱军战胜强敌的好办法，但是新奥尔良地区的一家报纸却登出文章，指责杰克逊是“胆小鬼”，说他“临阵怕敌，不敢与英军进行决战”。

因为当时战争正在激烈进行，杰克逊担心继续散布这种言论会搅乱人心，涣散部队的士气，就下令逮捕了这家报纸的编辑，并宣布戒严，不准任何人对军政大事乱发议论。

被逮捕的编辑认为，杰克逊限制公民言论自由，无理监禁不同意见者是违法行为，于是就向联邦法院提出申诉。法院接受了编辑的申诉，决定由多明尼卡法官负责审理这个案件。可是，当多明尼卡发出传票，要杰克逊接受法庭讯问的时候，杰克逊不仅不予理采，反而把法官多明尼卡也关起来了。

经过艰苦的激战，美军在新奥尔良战役中胜利了。这时，举国同庆，杰克逊取消了戒严令，多明尼卡法官和那位编辑都从监狱里放出来了。

多明尼卡法官出狱后恢复了原职。这时，他办的第一件事就是以“藐视法庭”为理由，传令杰克逊到法庭接受审判。

许多人都觉得多明尼卡法官的做法太过分了，建议杰克逊拒绝到庭。杰克逊没有这么做。尽管他在战后的工作也十分忙碌，但仍然按期出庭受审，还根据多明尼卡法官的判决，交付了一笔数额颇为可观的罚款。

这个消息一经传出，许多人都愤愤不平。他们觉得，一个小小的法官竟然审判指挥美军赢得战争胜利的大英雄，并且还罚了款，真是太不公道了。

可是杰克逊却对大家说："我在战争中逮捕不同意见者是违法行为。法院的判决是公正的。你们不必替我打抱不平。"

"可是，您当时那么做，完全是从战争的需要来考虑的啊！"

杰克逊又心平气和地说："是的，为了战争的胜利，我使用手中的特权逮捕人是有不得已的苦衷，但这种作法是违犯宪法和有关法律的。在这个问题上，我有错，我认错。我们都要记住，遵守宪法和法律是每个公民应尽的义务，无论在什么情况下，任何人都不能做违反宪法和法律的事。因此，你们不要抱怨法庭对我的审判，你们要从这件事情中吸取教训，永远做一个遵法守纪的人。"

杰克逊知错认错，服从法庭判决的事情使知情人十分感动。后来，它成了美国法律史上的一段佳话，被广泛地传颂着。

高尔基对雷曼诺夫的批评

> 一个人知道了自己的短处，能够改过自新，就是有福的。
>
> ——莎士比亚

富曼诺夫，是苏联的著名作家。当他的两部小说《夏伯阳》和《叛变》出版发行以后，在社会上引起了不小的反响。富曼诺夫听到了来自上级、同事、亲友以及社会各界的一致赞扬。

有一天，富曼诺夫收到了当时著名的文学巨匠、自己心目中的老师——高尔基写来的一封信，他心里十分高兴，认为高尔基一定是写信祝贺他的小说发行了。谁知拆开一看，信中除了肯定了小说的价值之外，其他都是批评的内容。高尔基在信中说：

“你写的很匆忙，很草率……”

“你是作为一个旁观者在叙述，而不是作为艺术家在描写。”

“两本书写得都不简练，废话很多，有很多重复的解释，说明你不相信自己，也不信任读者的理智。”

最后，高尔基语重心长地劝告富曼诺夫：“以后写小说，要一遍一遍地重写，要做更多的撕毁，烧掉正在写的手稿。做不到这一点，最好别发表什么作品。”对于这封出乎意料的来信，富曼诺夫不仅没有埋怨、发火，而是由衷地感谢高尔基的直言不讳。他在收到高尔基来信的第二天，就迫不及待地写了一封回信，感谢高尔基的指教：

“读了您的信，令人鼓舞，感到获得了巨大的力量。”

“您顺手给了我两拳，而且每一拳都打的是地方，您的批评击中了要害。”“您信中的话我都懂……您的话是对的，正确的。”

对于高尔基要他今后写作要多修改的劝告，他信中也表示诚恳地接受，他说：“今后哪怕是一篇轻松的速写，我也要改写七遍、八遍、九遍。”

富曼诺夫是这样说的，也是这样做的。他首先对《夏伯阳》和《叛变》两本已出版的小说进行了修改，使这两本书更加成熟，语言文字也更加简练、优美，再版后成为当时很有影响的作品。

富曼诺夫和高尔基这对师生在文学创作中都表现出高度的责任心。老师是高标准严要求，学生则报之以诚心，虚心接受。他们这种诚挚的师生关系，成为人们学习的楷模。

麦克斯韦听从老师教诲

敏感于事而慎于言，就有道而正焉，可谓好学也已。

——《论语·学而》

1850年，19岁的詹姆斯·克拉克·麦克斯韦从爱丁堡大学又考入了剑桥大学继续深造。麦克斯韦思维敏捷，富有想象力，谈起话来滔滔不绝，但逻辑性较差，做事也杂乱无章。

有一天，麦克斯韦正在学校图书馆里专心致志地研读一本数学专著。这时，著名的数学教授威廉·霍布金斯也到图书馆要借阅这本书。当图书馆工作人员告诉他，书已经被别人借走时，教授感到有些吃惊，因为这本数学专著的内容是十分深奥的，是什么人对研究如此高深的数学问题感兴趣呢？他根据工作人员提供的线索，在阅览室里找到了麦克斯韦。

霍布金斯教授悄悄地走到了麦克斯韦的座位旁边，看见他正在聚精会神地摘抄书上的内容。出于好奇心，教授想看看他究竟抄了些什么。没想到映入教授眼帘的竟是涂写得乱七八糟、十分凌乱的笔记。教授忍不住，轻轻地拍了拍麦克斯韦的肩头，爱抚地批评道："小伙子，写笔记这样没有秩序是永远成不了优秀数学家的！你应该养成书写整齐有序的良好习惯，这样是有益于你今后的学习和工作的。"

霍布金斯教授中肯的批评，使麦克斯韦深受教育。从此，这对师生成了好朋友。后来，教授又决定招收麦克斯韦为"霍布金斯数学班"的第十五名学生（注：霍布金斯班的学生都是学校里获得数学成绩甲等的优秀生）。

麦克斯韦在霍布金斯班学习期间，为了克服自己做事情杂乱无章的毛病，决心在教授的帮助下，进行严格的训练。他认真地完成教授布置的任何工作，甚至有意识地找一些能够磨炼自己的事情去做。如校阅学生的研究论文，是一件十分重要而又烦琐枯燥的工作，麦克斯韦却毫无怨言，总是认认真真地校阅每一篇论文，他说："我仔细地校阅论文中的一点一滴，把一切都表达得清清楚楚，使主试者看得清楚、满意，使学生们也从中受到教育。"

1854 年，麦克斯韦以甲等优秀生第二名和史密斯奖第一名的成绩从霍布金斯班毕业了。霍布金斯教授的精心培养，使麦克斯韦这个富于想象、善于研究、具有独特的物理直觉的天才，养成了良好的学习和工作习惯，增加了丰富的数学知识，为日后建立科学上的伟业做好了充分的准备。

麦克斯韦后来终于成为世界著名的物理学家。他是经典电磁理论的奠基人，并在热力学、光学、分子物理学等方面作出了卓越的贡献。他的工作推进了物理学的发展，为人类的文明、进步，做出了不可磨灭的贡献。

斯维德伯格牢记校长的批评

尽可能少犯错误，这是人的准则；不犯错误，那是天使的梦想。尘世上的一切都是免不了错误的。错误犹如一种地心吸力。

——雨果

西奥多·斯维德伯格是瑞典著名的物理化学家，荣获 1926 年诺贝尔化学奖。他能获得如此辉煌的成就，是与少年时代的一位老校长对他的教诲分不开的。

斯维德伯格出生在瑞典的港口城市耶夫勒，他的父亲是一家造纸厂的经理。

他和他的几个哥哥少年时代就在造纸厂附近的一所学校里读书。学校的校长是他家的亲戚，也是一位非常尽职尽责的好校长。平时，他对学生管教极其严格，对斯维德伯格兄弟也不例外，他希望他们兄弟几个好好学习，将来能有所作为。不料事与愿违，这几个孩子都不争气，而斯维德伯格更没有出息，几乎门门功课只能勉强及格。校长想尽了办法引导教育，也没有什么效果。

一天，斯维德伯格又遭到校长的严厉批评。校长当着许多同学的面，指着他父亲开办的造纸厂，毫不留情地痛斥斯维德伯格说："瞧着吧，20 年后，这个造纸厂就要倒闭在你的手里!"校长一席话，羞得斯维德伯格满脸通红，他当时心里对校长气愤极了，发誓再也不愿见到这位校长了。第二天，他就悄悄地转到斯德哥尔摩去上学了。

生性倔强的斯维德伯格在受到校长的严厉批评后，就下定了决心，痛改前非，一定要干出一番成就来，以"回击"校长对自己的批评。从此，他以顽强的意志刻苦地学习，学习成绩飞快上升。不久，他考上了乌普萨拉大学，后来又到荷兰的格罗宁根大学和英国牛津大学进修。在大学里，他继续发愤不已，学习成绩一直很出众。斯维德伯格在 24 岁时就获得了博士学位，并在胶体化学的研究上做出了突出的成绩。

1923 年，39 岁的斯维德伯格受聘到美国威斯康星州大学任教授，成了举世仰慕的科学家。正在这时，他的哥哥给他拍来一份电报，告诉他老校长病危，想最后见他一面。斯维德伯格立即回电，说他马上就赶回家乡。当他风尘仆仆回到家乡时，老校长已经病逝了。人们告诉他：奄奄一息的老校长看到他的回电时，脸上顿时露出了笑容，然后慢慢地合上了眼睛。听了这些话，斯维德伯格放声痛哭，悲痛之极。在安葬老校长时，他怀着极其崇敬的心情说："老校长，假若没有您当年的一番批评，哪会有我的今天！我今天的全部成就，都是您的赐予!"老校长成了斯维德伯格心目中最感激和最热爱的人!

1926 年，当斯维德伯格走上诺贝尔奖金的领奖台时，又当众讲述了少年时那段令人难以忘怀的经历。

闻错即改

许由隐居记

闻己之过，则其过可得而遂改；言人之过，乃所以益己之过而已。

——王祎

在原始社会末期，那时候的君主是由老百姓选出来的，他们之所以能够被选上，是因为他们既能干，又公正，能够勤勤恳恳地为大家办事情。所以，在那时候，当君主是一件苦差事，既没有什么特殊的享受，还要白天黑夜地奔忙。

当时，有一位君主叫作尧（唐尧），他对待老百姓非常仁厚，做每件事都要先替老百姓打算，而自己却吃野菜羹，穿最贱的鹿皮衣。他居住和办公的“宫”，除了大一些以外，也和老百姓的房子没有多大区别。在尧的治理下，老百姓安居乐业，丰衣足食，生活得非常愉快。

可是，尧到了晚年，有一件事很让他伤脑筋。他想到自己年龄越来越大，精力越来越不行，是该找个人来接替自己的时候了，可是一时间还找不到合适的人。那个叫虞舜的小伙子虽然很不错，但毕竟还太年轻。前些日子，尧刚把自己的女儿娥皇和女英嫁给舜作妻子，希望她们能帮助舜努力工作，勤奋学习，使舜将来能成为治理天下的人才。不过，眼下舜还年轻，远水解不了近渴啊，必须立刻开始寻找接班人。否则，自己一旦躺倒，老百姓的事情就没有人去办了。

第二天，尧就把大臣们都叫来，对他们说："现在我已经老了，好多事情我办起来已经力不从心。虽然说新君主要老百姓来选，可咱们做公仆的，必须先找到合适的候选人，百姓才好选择呀。几年前，我曾经请那位叫巢父的高人来接替我，可他不愿意，以后就不知躲到哪里去了。现在你们看看，还有什么合适的人选吗？"

大臣们议论纷纷，因为这是选择新的君主，必须才干和品德都好的人才能胜任。所以谁也不敢贸然推荐。过了一会，老臣羲和忽然说："听说许由这人很有才干，可没有和他打过交道，不知道是否名副其实。"

尧猛地一拍大腿，叫道："嗨，你看我真是老糊涂了，怎么把这位高人给忘掉了！"

大臣们也纷纷赞成，都说这人名气很大，应该把他请来，看看他能否胜任。尧当即决定派人去请许由。

可是，派去请许由的人接二连三地失望而回，他们说，许由一听说是请他去接尧的班，就话都不说，就把他们打发走了。于是，尧决定亲自去找许由。

尧找到许由家里，一看许由，原来是个五十多岁的小老头，身材不高，却长得挺精神，只是态度很高傲。

尧谦恭地对许由说："许先生，俗话讲得好，日月已经升上天空，一支火把还想发出光亮，这不是太困难了吗？春雨已经降临，还要靠担水去浇灌，不是白费力气吗？先生您就如同日月，如同春雨，一旦站出来，必然会天下大治。可是现在我还有劳无益地占着君位，实在问心有愧。请先生为百姓着想，代替我来君临天下吧！"

许由冷笑一声答道："您不要再说了，我是不会当什么君主的。您治理天下多年，已经挺有成绩了。这时候让我来代替您，难道是让别人来议论我是求虚名的人吗？要说我这人哪，就是只求实际，不图虚名。”

尧连忙说：“您为百姓而治天下，怎么会有人说您求虚名呢？人们只会赞扬您为百姓献身呀！”

“嗨！您怎么不明白我的意思呢！我对这种赞扬一点也不感兴趣。您见到鷦鷯这种鸟吗？它在深林中做巢，有一根树枝也就满足了；还有我们这里的鼹鼠，它喜欢饮河水，只要能喝饱一肚子河水，它就别无所求了。我也是如此，只要能够温饱就心满意足了。您说天下需要人去治理，这是你们的事情，与我毫无关系。打个比方说吧，厨师不做饭了，祭师即使饿着，也不会代替厨师去做饭的。”

不管尧怎么恳请，许由就是不答应，尧只好扫兴地回到都城。几天之后，有人来报告，说许由怕尧再去请他，不知跑到什么地方躲起来了。

许由跑到哪里去了呢？其实，他没走多远，就在颍水河对岸的箕山脚下住了下来。很快，就有人把许由的新地址告诉了尧。尧想：许由这样谦虚，不正是有真才实学的表现吗？我还是要想办法请他出来接替我。一下子办不到，我就分两步走。于是，他派人去请许由来当九州长的职务。当时，中国就称为“九州”。“九州长”实际上就是管理整个国家的负责人，只不过名义上不叫君主罢了。尧希望这样可以使许由答应出山，来治理国家。

没想到，派去的人刚把这个意思说出来，许由就把耳朵捂起来，脸上一副痛苦的样子，嘴里不住地喊：“您不要说了！不要说了！这些话简直把我的耳朵都弄脏了！您回去告诉尧，叫他死了这份心。我许由一生不图虚名，只求安安乐乐，清闲自在地活着。快走！快走！”

等来人走远了，许由才把捂耳朵的手放下来，嘴里还在嘟囔着：“这些追求虚名的世俗之人啊，真叫我没办法。要我当什么九州长？这话听起来就叫人恶心！”他一边说，一边不住地用手掏着耳朵，越掏越觉得耳朵被那些话弄脏了。“不行，我得去把耳朵洗洗。”于是他站起身，带上一顿干粮，锁上房门，走出来，向颍水河方向走去。他一边走，还一边掏着耳朵。

路上有人看见许由这副怪样子，就问他出了什么事，他回答说："嗨，别提了，尧派人来请我去当什么九州长，这些话真是俗不可耐，弄脏了我的耳朵，我要到颍水河边洗洗耳朵！"

人们听许由这么说，都觉得奇怪：怎么还有听人说话把耳朵听脏了的事呢？于是围观的人越来越多，大家议论纷纷，都摸不透许由的心思。

许由走了几十里路，来到颍水河边，他拣了块干净地方蹲下来，从河里捧起清凉的水来洗耳朵，先洗左边，又洗右边。洗了一会，他抬起头来，发现这里静悄悄地，一个人也没有，就停下来，打算歇息一会。忽然，他听见有人从远处走过来，越走越近，许由连忙又低下头去洗耳朵。

一个苍老的声音在许由身后响起来："这位老弟在干什么呀？"

许由回头一看，见是一位须发皆白的红脸老人站在那里，手里还牵着一头小牛犊。许由看这老人不像一个普通人，就又把事情的经过讲了一遍。

不料，老人听完之后，哈哈大笑，笑得连胸前的白胡子都抖动起来了。这下子把许由搞得莫名其妙，连忙问老人为何发笑，老人却不回答，只顾牵着小牛犊向河的上游走去，一路走，还在一路笑着。

许由忽然想起，有人曾告诉我，这附近的山里隐居着一位老人，就是当年拒绝尧请他去当君主的巢父。这位老人在山中的大树上建了个小木屋，就像鸟巢一样。所以大家都称他"巢父"。

他连忙追上去问道："莫非您就是那位德高望重的巢父老先生吗？"

老人仍然在笑，也不回答许由，只顾走路。许由又跑到老人前面，拦住去路，说道："老先生只顾大笑，难道没有什么可以指教我的吗？"

老人这才停住笑，说："我是在笑你啊！你就是那个许由吧！我原来听说你这人德行不错，可没想到，你也是个表里不一，追求虚名的人啊！"

许由不禁打了个愣："您怎么会这么想呢？"

"你不必抵赖，你如果真是那么不愿当君主，干脆早点躲进深山，隐姓埋名不就完了吗？可你呢，还在外面招摇过市，想让人们都知道尧是怎样恳求你，而你又是多么清高地拒绝他。这只能说明你不是一个诚实的人，内心并不真正清高，只不过想骗取世人对你的敬佩罢了！"

说完，老人牵着小牛犊走，临走还说："嗨，真晦气！好不容易下一次山，又碰上这么个虚伪的家伙，你怕尧的话脏了你的耳朵，我还怕你洗耳朵的水脏了我这小牛犊的嘴唇呢！小牛啊，你忍一忍，咱们到河上游去饮水吧，这里的水不干净了！"

这番话说得许由满面羞愧，无地自容，他知道，这老人一定就是巢父老先生了。他望着老人的背影鞠了一躬，说道："承蒙您的教诲，我知道错了。"

第二天，许由就卷起铺盖，进山隐居去了，此后再也没有出过山，一直到老死在山上。

李离自尽赎过

见善如不及，见不善如探汤。

——《论语》

李离是春秋时晋文公手下的一个狱官。他执法严明、公正无私。

有一次，他的下属向他呈报了一个杀人案件。他仔仔细细地听了下属的案情报告，又说人证物证俱在，案情十分清楚。还说，那犯人虽开始拒不承认，但后来的几次审问，他终于承认说死者是他所杀。李离觉得此案并无什么漏洞，便没有亲自提审犯人，他大笔一挥，将被告判了死刑。那犯人依法被处斩了。

不久，官府意外地查出了此案真正的杀人凶手。原来是那杀人真凶杀人后采取了嫁祸于人的伎俩，蒙骗了办案的人。

李离得知此事后，追悔莫及。于是，他毅然自枷上朝，怀着十分内疚的心情，来到晋文公面前，"扑通"跪下，自首道："臣冤杀无辜，罪该万死，愿以七尺之躯，偿死者之命。"

晋文公面对这个执法无私的大臣，深感是个难得的人才，不忍心将他处死，便劝说道："人死了不能复生，那人既已处斩了，何必还要搭上一条命呢？"又说："造成冤案的责任主要在你的下属，要罚就处罚他们好了。"

说着，晋文公亲自走上前去，给李离打开了刑枷，扶他起来。

李离仍旧跪着，不肯起来，他说："国家的法律规定：法官错判刑的，应当伏刑；错杀人命的，应当抵命。倘若国君不治臣的死罪，那么，将来草菅人命的事情还会发生呀！再说，我的职务比下属高，俸禄比下属多，职位不让给人家，俸禄不分给人家，如今我轻信诬告，错杀了人，哪能把责任推给人家呢？"

"照你说来，你的下属办了错事，你认为自己有罪，而你是我的臣子，那么，我也有罪呀。"晋文公继续劝慰他说。

李离回道："国君委我以重任，而我却没有尽到自己的责任，有负国君厚望。如今错杀了人，就应当依法处治。臣以为不论官阶高低，治罪应当一视同仁，王子犯法，与民同罪。现在我既犯下死罪，怎么可以不受处治呢？"

李离见晋文公仍摇头不准，便"嚯"地站起身来，拔出佩剑，自刎而死。晋文公见此情景悲痛不已，事后，下令厚葬了李离，并将此事通告了全国，号召向他学习。

晏子改过

> 于人不求备，检身若不及。
>
> ——《尚书》

晏子，名婴，字平仲，是春秋时期齐国有名的贤相。他机敏过人，善于辞令，节俭勤勉，谦虚谨慎，曾在齐灵公、齐庄公、齐景公三朝任相国，名闻各诸侯国。晏子一生，有过很多众口皆碑的故事。这里说的是几则他敬贤、荐贤的故事。有一天，晏子外出办事。天气很热，他叫手下人把车子驾到一个镇子边歇息一会儿。晏子刚在路边坐下，就看见旁边的一棵大树下聚集着很多人。这些人围着一张囚车，正在听车上的犯人讲什么。晏子很奇怪，就走近旁边去观看。只见讲话的人约四十岁年纪，相貌不凡，虽被扣押在囚车里，但没有痛苦和抱怨的情绪，相反还正在给围在身边的人讲着古代圣贤治国的故事。晏子听了一会儿，觉得这个人学识渊博，口才很好，便将押解犯人的差官叫来打听。

差官看见是相国大人在问话，便恭恭敬敬地回答："启禀大人，此人叫越石父，犯了罪，正要将他押解到临淄去。"

"越石父？"晏子觉得这个名字似乎很熟悉，但又想不起来。他想了想，对差官说："我能不能同这位先生单独说会儿话？"

"当然可以，当然可以。"差官连忙回答。说完，便走过去驱散了人群，将囚车推了过来。

晏子打量着囚车上的犯人，只见车上的犯人也在看着他。虽然已经知道眼前的人是齐国的相国，但犯人脸上的表情非常冷静，毫无惧怕的神色。

"先生，"晏子开口说道，"刚才听你讲到古代圣贤的事，我知道先生是个不凡之人。可否请教先生治国的方法呢？"

"相国大人，"越石父在车上施礼说，"说请教，实在不敢当。说到治国，我想，古已有法，我们何不效仿呢？"

"哦，你说说看，什么是古代治国之法？"晏子问道。

"大人，古代治国之法，重要的在于'养民'，使老百姓能休养生息，安居乐业，懂得礼节。要做到'养民'，首先就要做到减少刑罚，减轻赋税。减少刑罚，则老百姓不怨恨；减轻赋税，则老百姓知道感恩……"犯人侃侃而谈。

"有道理，说得有道理。"晏子听了很高兴，他知道，他碰上了一个有才能的人。

晏子立即叫手下的人将驾车的马解下一匹，向差官赎回了越石父，并亲自为越石父解开了绳索，请他上到自己的车上，然后拉着他一同返回相府。一路上，晏子同越石父一直在谈着，两人谈得很投机。

回到相府，晏子让越石父和他一同来到客厅。晏子因为一路上走热了，加上同越石父谈得很高兴，就进到内室更衣，准备换了衣服出来同越石父继续谈。过了一会儿，晏子换好衣服出来，坐下正要跟越石父谈话。越石父突然站起来，向晏子行了一个礼，说："大人，谢谢你赎出了我。现在，我请求同你绝交，请允许我告辞。"

"什么!"晏子听了很吃惊。他想：刚刚还好好的，怎么突然就变了？是不是自己做了什么失礼的事？究竟为了什么？

晏子急忙也站起身，正了正帽子，整理了一下衣服，严肃地说："先生，我晏婴虽然没有什么才能，但刚刚才将你从困境中解救出来，你为什么那么快就要同我绝交呢？"

"不对，大人"，越石父又行了个礼说，"我听说君子可以在不了解自己的人面前受些委屈，而在了解自己的人面前志向就可以得到伸展。刚才我在被囚禁中，别人不了解我，您既然受到感动将我赎了出来，这就是了解我。了解我就应该尊重我。而您刚才回到家里，没有同我打招呼就到内室去，过了好一会儿才出来，这就是失礼。既然了解我又对我无礼，那我还不如仍然回到囚禁中去。"

晏子听了越石父一席话，心里有些生气，他觉得越石父太过分。但是转念一想，又觉得他说的话也有道理，自己确实有些失礼。再说，从刚才的接触中已经了解越石父的确是个有才能的人，这样的人才不能放过啊。

想到这里，晏子急忙向越石父道歉。从此，他将越石父待为上客。后来，他又将越石父推荐给了齐王，齐王拜越石父做了大夫。

孟孙请回秦西巴

在革命事业中，认识到自己的缺点就等于改正了一大半。

——列宁

孟孙是春秋时期鲁国的一位大夫，特别喜欢打猎。那年秋天，又到了山林果实累累、野兽出来觅取冬储食物的时节，这也是打猎的好时候，孟孙带着一帮人马出发了。

忽然，孟孙发现前方树丛中有一大一小两只鹿，他喜出望外，策马就追。那两只鹿发现了动静，飞快地跑起来逃命，孟孙哪里肯放过它们，猛追不舍。这时，小鹿渐渐体力不支，落在后面，孟孙扔出一个套圈，把小鹿捉住了。他高兴极了，告诉他的随身部属秦西巴，说："今天运气真好，逮住了这只鹿。你先把它装进笼子里，待会儿回家宰了，吃新鲜鹿肉。我再去追追那只大的!"说完，一挥鞭子，又往前追去。

秦西巴把鹿笼往马背上一捆，翻身上马就往回走。他想：我一定要妥善地把小鹿送到家，瞧今天主公多高兴啊！正走着，忽然听到身后有蹄声，而笼内的小鹿也挣扎着呦呦地叫。秦西巴回头一看，啊，那只大鹿正在十几丈外的地方跟着呢，是母的！秦西巴调转马头要追，那母鹿转身就跑。秦西巴想：我哪能追得上啊？把这只小的好生送回家吧！他转身往回走，可是母鹿又跟上来了，远远地"呦呦"叫着，笼子里的小鹿也不停地挣扎叫闹。秦西巴听着听着，心中实在不忍，就把小鹿放了。小鹿飞快地跑到母鹿身边，回头望他一眼，两只鹿一起跑了。

孟孙回到家，就向秦西巴要那只小鹿，可是一听秦西巴把鹿放了，不禁勃然大怒！他把秦西巴鞭打一顿，赶出了家门。

孟孙正在生气，他的夫人一手捧着简册，一手拉着孩子出来了，说：“夫君，我正在教孩子读书，不知为何前厅这般吵闹？”当她知道孟孙为秦西巴生气的时候，又问：“不知秦西巴为何将鹿放了？”孟孙说：“他说母鹿跟在身后一路啼叫，不忍心就把它放了。你说气人不气人？”夫人一听，望了儿子一眼，便安慰说：“夫君息怒，秦西巴有此不忍之心，似乎可以原谅。我带孩子回房去了。”说完，领着孩子离开了。

孟孙望着夫人和孩子的背影，品味着夫人这“不忍之心”的话，突然有所感悟：是啊，秦西巴有对鹿的不忍之心，自己便把他赶走了，这对吗？再说，自己想到的，只是鹿肉的美味；秦西巴想到的，却是不忍心母鹿和小鹿生死分离。一个有爱物之心的人，一定也有爱人之心，自己却把他赶走了，错了，错了，大错了！

孟孙对这件事想了好几天，最后决定把秦西巴请回来。秦西巴一见孟孙就说：“主公，我是有过错的人。”孟孙说：“不，有过错的是我。我请你回来，做我儿子的先生。一个有仁爱之心的人，一定能当好老师！”

孔子认错

有过则改之，未萌则戒之。

——冯梦龙

一次，孔子和他的弟子子路、子贡和颜回到海州游览。孔子听到隆隆的声响，对子路说：“山的那边在打雷和下雨，为何还要赶着去？”子路说：“这不是雷雨声，而是海浪拍岸之声。”孔子从未见过大海，想到海边去看看大海，于是，孔子一行乘车到了海边的朐阳山下。

孔子和他的弟子爬上了山顶，只见水天相连，海阔无际，他们都兴奋极了。这时，孔子感到又热又渴，他让颜渊下山去舀海水来喝。

颜回拿了盛器正要下山，忽听得身后有人在笑，大家都觉得很奇怪，回头一看，是个渔家孩子，于是就问他笑什么。那个孩子说："海水又咸，又涩，不能喝。"说完，他把盛了淡水的竹筒递给了孔子。

孔子喝了水，解了渴，十分感激那个孩子，正想道谢，忽然海风吹来了一阵急雨，子路一看着急了，大声嚷道："糟糕，现在到哪里去躲雨呢？"

那个渔家孩子对大家说："你们都不用着急，请跟我来！"说完，那孩子就把孩子一行领进一个山洞，这是他平时藏鱼的地方。孔子站在洞口边躲雨，边欣赏雨中的海景，不由得诗兴大发，吟出了两句诗："风吹海水千层浪，雨打沙滩万点坑。"孔子的三个弟子都齐声赞扬孔子的诗做得好，那孩子却持反对态度，他对孔子说："千层浪、万点坑，你有没有数过？"孔子心服口服地对孩子的反诘表示赞同。

雨停后，那孩子又到海上打渔去了。孔子回想起刚才发生的几件事，歉疚而又自责地对三个弟子说："我以前讲过唯上智与下愚不移，看来这并不妥当，还是应该提倡'学而知之'，'知之为知之，不知为不知'。"

颜回食污

> 反己，故常见己之过，故不贰也。
>
> ——《魏源集》

孔夫子率领他的学生到列国周游，在去陈国和蔡国的路上被困，一连七天没有吃上一口饭，孔子实在受不了，只好大白天也躺着睡大觉，想以此来忘却饥饿。

孔子的大弟子颜回见老师饿得一天一天地瘦下去，简直皮包骨头了，心中十分忧伤。他想，我们这些年轻人或许还能挨上一些时光，老师上了年纪，怎能经得起这种折磨啊！万一在路上有个三长两短，那怎么办？我得去设法弄点吃的来。

颜回也没有什么好办法，只好去向人乞讨。这一次真是巧，居然碰上一个好心肠的老婆婆，给了他点白米。

颜回高高兴兴地把米拿回来，倒在锅里，砍柴生火，煮了起来。不一会儿，饭也就熟了。

孔夫子这时刚好醒了，突然闻到一阵扑鼻的饭香，他很奇怪，便出来探看。刚一跨出房门，就看见颜回正在从锅里抓了一把米饭往嘴里送。孔夫子又高兴又生气：高兴的是有饭吃了；生气的是，颜回竟然如此无礼，老师还未吃，他就一个人抢先吃了起来。

过了一会儿，颜回恭恭敬敬地端了一大碗香喷喷、热腾腾的白米饭送到孔子跟前，说道："今日幸遇好心肠的人，送给我们一些大米，现在做好了，先请老师进食。"孔夫子一下站了起来，说道："刚才我在睡梦中见到去世的父亲，让我先用这碗洁白的米饭来祭奠他老人家。"颜回这时一把将那碗饭夺了回去，说道："不行！不行！这米饭不干净，不能用来祭奠！"孔夫子故作不解地问道："为什么说它不干净呢？"颜回答道："刚才煮饭时，不小心把一块炭灰掉到上面，我感到很为难，倒掉吧，太可惜了，但又不能把弄脏的饭给老师吃呀！后来，我把上面沾了炭灰的米饭抓来吃了。这掉过炭灰的饭是不能用来祭奠的！"

孔夫子听了颜回这番话，恍然大悟，他激动地拉着颜回的手说："回呀，你真是贤德的人啊！我真糊涂啊！"

后来，孔子感慨地对弟子们说："你们要记住：要认识一个人可不容易啊！"

乐正子春闭门思过

> 见善，修然必以自存也；见不善，愀然必以自省也。
>
> ——《荀子》

乐正子春，春秋时代鲁国人，曾参的学生。一天，他从高台阶上走下来，刚好有一群大雁从头上飞过，望着远去的大雁，乐正子春陷入了对人生的沉思之中，忘了自己正在下着台阶，一下子踩空了，跌倒了，崴了脚脖子，疼得直叫。

家人闻声跑来，将他扶起，搀到屋里，让他倒在床上，便跑去请医生。看着乐正子春满是冷汗的面孔，母亲心疼得直掉泪，埋怨儿子毛手毛脚，不知爱惜自己，这么大了还让父母操心。儿子崴脚，母亲流泪，真是十指牵心啊！乐正子春好后悔，为什么自己思想溜了号，崴了脚，让父母跟着操心。

经医生的推拿，又吃了两副药，脚很快就好了。人们奇怪的是乐正子春还是不出门，而且见了家人脸上还现出惭愧的脸色。一问才知道，他是在闭门思过呀。他说："我听老师讲过，当子女的应当爱惜自己的身体，父母生下完完全全的身体，就应完完全全地保存下来，这样才能对得起父母，才能说是孝敬父母，不该无缘无故地毁伤自己的身体。这是孝敬父母的起码要求啊。我想，凡是能够做到恭敬谨慎孝敬父母的人，就不会使自己的身体无故受到损伤。我没做到处处事事恭敬谨慎，走路还把脚崴了，辜负了老师的教导，也忘记了对父母的孝敬啊。"

乐正子春走路不小心崴了脚，竟一连几个月没有出门。在家闭门思过，悔恨自己没做到处处事事恭敬谨慎，忘了孝敬父母。人们听说了都很感动。他的老师曾子知道了这件事也赞扬他能从各个方面去思考孝敬父母，处处恭敬谨慎，严格要求自己。

负荆请罪

> 君子有过不辞谤，无过不反谤，共过不推谤。
>
> ——吕坤

春秋战国时期，赵国有个大将廉颇，能干功高，但骄傲自大，争名争位。

他对地位已经超过自己的蔺相如很不服气，常对人说："我是赵国的大将，有攻城守地的大功。而蔺相如过去是个下贱人，只凭着卖弄唇舌就爬至我的头上！我真羞愧在他的名下。"说着，又猛地一扬头，发誓说，"我见到蔺相如，一定羞辱他，否则我不姓廉。"

蔺相如听到了廉颇的话，知他正在气头上，就有意躲避着他，不肯与他见面，国王召集文武大臣上朝，相如常常称病不去。

有一天，蔺相如坐车出门办事，走到穿城街。他远远望见廉颇也坐着车，从对面走来。相如急忙叫车夫把车拐到胡同里，躲藏起来，等廉颇走过去，才把车退出来，继续往前走。

门客们对蔺相如回车避见廉颇的做法实在看不惯，就找到他说："我们离开亲戚朋友，到您这里做事，是羡慕您智勇双全，道义高尚。如今您的地位在廉颇之上，他说您的坏话，您不回击；您见到了他，像老鼠见了猫，又是躲，又是藏。一般老百姓也受不了这个窝囊气，您身为上卿，却一点也不感到羞耻。我们可忍不下去，请让我们走吧。”

蔺相如好言好语劝留他们说：“你们说，廉将军与秦王比较起来，谁厉害？”门客们答道：“当然是秦王厉害。”

相如点点头说：“是啊，秦王那么厉害，我敢在大庭广众之下痛斥他，侮辱他的左右大臣。我虽然很愚笨，难道独独怕一个廉将军吗？我考虑的是，强大的秦国之所以不敢侵犯赵国，是因为有我们两人在，一文一武，同心协力，团结得好。如果我们俩像两只老虎，互相争斗，你死我伤，那正是敌人所希望的。我对待廉将军，是把国家的安危放在前面，个人的成见放在后面啊。”

蔺相如的话，很快传到廉颇的耳朵里。他坐立不安，越想越受感动，内心十分惭愧。于是他脱掉上衣，光着膀子，背上荆条，跑到蔺相如家里，跪在蔺相如面前，痛哭流涕地说：“我心胸狭窄，为个人名位斗气。没想到上卿品质这么高尚，以国为重，宽以待我。我实在对不起你，特来向您请罪。”

蔺相如慌忙把他扶起，也十分感动地说：“我是个卑贱的人，没料到将军严以责己，宽宏大量到这等地步啊！”

从此以后，两个人变成了同生死、共患难的好朋友。他们团结一致，文武配合，为国效力，使秦国不敢轻举妄动攻打赵国。

薛谭学歌

仲由喜闻过，令名无穷焉。

——周敦颐

春秋战国时代，相传秦青是秦国的最善于唱歌的名手。薛潭是跟秦青学习唱歌的学生。

薛谭跟秦青学唱歌两年之后，自以为完全掌握了老师的本领，再也没什么好学的了。有一天，他实在不耐烦了，便自己收拾了行装，准备辞别老师回家。秦青并不勉强挽留他。

在郊外的大路旁，老师特意为送别学生摆了一桌酒席。席间，老师打着拍子，唱起一首悲壮悦耳的歌曲。歌声振荡着山间林木，直上云霄，几乎使得天空中的一片片流云也停住了。薛谭听着听着，不仅为老师的歌声所感动，也为老师的歌声所陶醉、折服。他惭愧极了，连忙向老师道歉，并请求重新回到老师那里好好学习，接受教育。老师见他回心转意，有所醒悟，便接受了他的请求。从此，薛谭再也不提回家的事了，再也不满足于一知半解了。

孟光改错

> 人患不知其过，既知之不能改之，是无勇也。
>
> ——韩愈

汉章帝时，有一个品学兼优的太学生叫梁鸿。他的邻居姓孟，孟家有一个姑娘，饱读诗书，婉顺知礼，只是仪容不佳，因此，虽然年过三十，仍然待字闺中，家里的人都很着急。

一天，一个媒人来到孟家，刚进门便笑着对孟老先生说："孟老，给你道喜啊！"孟老不解地问道；"喜从何来？"媒人道："梁伯鸾（梁鸿字伯鸾）托敝人来向令爱求婚，这不是一桩喜事么？"孟老一听，吃了一惊，说道："我早听说伯鸾曾拒绝了不少名门闺秀、富家千金的美满亲事，他怎么会看得上我那年龄老大、貌容丑陋的女儿？你可别来愚弄老夫啊！"

"孟老！"媒人正色道，"你怎么这样不相信人呢？这是伯鸾亲自来求我作媒的。他还说，如能高攀，最好立即成婚，以免他人纠缠，惹人闲话！”

孟老闻言大喜，马上转身来到女儿房中，询问女儿之意。姑娘听说是梁鸿向她求亲，早就喜上眉梢，那有不允之理。这门亲事当即定了下来。

定亲一月之后，孟梁两家选择了一个良辰吉日，举行了隆重的婚礼。

成婚这一天，孟家姑娘担心新郎会嫌她貌丑，便在打扮上狠下了一番功夫：画眉扑粉，喷香抹脂，贴花戴翠……乍看起来，也还过得去。

谁知出乎她的意料，梁鸿一见新娘这样打扮，顿时眉头紧锁，显出不悦之色。婚后一连七天，都不跨入洞房一步，每晚均在书舍歇宿。

新娘非常纳闷，坐卧不安，又不好询问。后来她实在忍受不住了，便含羞带惭地来到梁鸿面前跪下，边哭边说道：“妾蒙郎君不弃，结为百年之好。既为夫妇，理当鸳鸯共效，比翼齐飞。谁知燕尔新婚，郎君即视妾为路人，不知妾何事触犯了郎君，恳求教诲！”

梁鸿见妻子下跪，心中老大不忍。他深深地叹了一口气，把妻子扶了起来，说道：“鸿早闻你贤德知礼，谁知竟徒具虚名。你瞧你这一身的浓妆艳抹，披红挂绿，这可是贤淑女子所为？真令我失望啊！……”

这时妻子才知道自己一直被冷落的缘由。她不待丈夫说完，便急忙道：“啊！原是这样！你怎么不早提醒我呢？好！从今以后，妾永不饰花粉着华服，只淡妆简服，粗茶淡饭，誓与君偕！”说完，立即转身回到内房，洗去脂粉，换上粗衣。

梁鸿一见大喜，上前紧握妻子的手，仔细端详了一下，赞道：“人都说你丑陋，你不丑啊！真是有如璞玉，光彩照人。我给你取一个名字，叫孟光吧！你说好吗？”

孟光莞尔一笑，说：“这个名字真好，妾真喜欢！”

从此以后，夫妻恩爱日胜一日。梁鸿处处怜爱妻子，孟光对丈夫更是体贴入微。

过了几年，梁鸿带着妻子从长安返回故乡扶风郡平陵县（今山东省历城县东），途经洛阳时，见京城中巍峨富丽的宫殿林立，贵族豪绅花天酒地，挥金如土，而大街上又挤满从农村来的乞丐，这贫富对立的景象，使梁鸿和孟光感到非常愤懑，梁鸿因此作了一首《五噫歌》：陟彼北芒兮，噫！顾瞻帝京兮，噫！宫阙崔巍兮，噫！民之劬劳兮，噫！辽辽未央兮，噫！

这首《五噫歌》不久在洛阳城中传开了，后来竟传到汉章帝耳中。汉章帝暴跳如雷，说梁鸿是有意挑动人民起来与朝廷作对，便下令通缉梁鸿。

梁鸿没有料到一首诗会引来大祸，急忙改名换姓，乔装打扮，逃离洛阳。

他们先在齐鲁（今山东河北一带）一带隐居，后来又到吴地（今江苏一带）。夫妇二人在一个叫皋伯通的地主家作佣工。因为他们勤劳肯干，皋伯通便在他的庄园中找了一间小屋给他们居住。

有一次，皋伯通因事去梁鸿的小屋，当时正是中午开饭时间，只见孟光从灶边把做好的饭菜端端正正地放在一个托盘里，然后端着托盘走到丈夫面前跪下，把托盘高举到眉毛处，温和婉顺地说道："请夫君用膳！"梁鸿则赶忙屈下身子把饭菜接过来，彬彬有礼地说："辛苦了，请起，请起！"

皋伯通从未见过如此礼让恩爱的夫妻，大感诧异，特别是后来当他知道他们夫妇历来就是这样以礼相待，相互敬重时，更是佩服得了不得，激动地对他们说："我没想到你们原是这样尚礼重义的君子，让你们住在这破旧的小屋里，真是受委屈了，明日就请你们搬到我家里去住，让我的家小仆役都来向你们学习。"

梁鸿和孟光搬到皋伯通家中以后，皋伯通像对待老师一样尊敬他们。

曹操割发自刑

> 去恶不力，则为善不勇。
>
> ——王应麟

曹操，字孟德，安徽亳县人，三国时杰出的政治家、军事家和诗人。

年轻时，曹操练就了一身好武艺，而且精通兵法，一心想建功立业，轰轰烈烈地干番事业。

有一次，曹操领兵出征，要经过一片麦田。当时正是麦子扬花抽穗的季节，他想，浩浩荡荡的大军，如果不加约束，穿过麦田时肯定会把大片的麦子损坏。于是，他号令三军："士兵不得损坏麦子，违犯命令的处死。"

命令一下，将士们个个小心翼翼。骑兵都下了马，用手扶起麦苗帮助马匹通过。突然，一群在麦田中觅食的小鸟从麦田中飞起，惊吓了曹操的枣红马。受惊的马一下子跃入麦田中，将麦田中一大片麦子践踏了。曹操心里感到很惭愧，立即对主簿官说："请你按军法给我治罪吧！"

主簿官感到很为难。心想，你曹操是一军之长，杀了你，谁来带领军队呢？于是他根据《春秋》上记载的"刑不上大夫"的道理回答说："对于高贵的人是不能施用刑罚的。"曹操见他为难的样子，就主动说："制定法令的人自己都犯法，怎么能够统帅好军队呢？然而我是军队主帅，不能自杀，那就请让我自己处罚自己吧！"说着，曹操拔出宝剑，割下自己头上的一把头发放在地上。

在场的将士们，见了曹操的这一举动，个个都称赞了一番。原来，在古时人们认为自己的身体发肤是父母所赐予的，毁伤了它，就是不孝。割下人的头发，在当时还算是一种不轻的刑罚，称作为髡（kūn 坤）刑。曹操以割发自刑，并不完全是做给旁人看的狡诈行为，主要是反映了他能以身作则的大将风度，这在政治腐败的东汉末年还是难能可贵的，所以也就被后人传为佳话。

诸葛亮请求降职

> 我们有批评和自我批评这个马克思列宁主义的武器。我们能够去掉不良作风，保持优良作风。
>
> ——毛泽东

三国时，蜀军中有个参军叫马谡，喜欢自吹自擂。刘备在临终前曾对丞相诸葛亮说："马谡言过其实，不可大用。"

可是，诸葛亮对此并没有引起足够的重视。他还认为马谡不仅擅长辞令，而且还很有才气，常与他海阔天空地彻夜长谈。

建兴六年春，诸葛亮挥师北伐曹魏，向祁山进军。蜀军军容整齐，赏罚严肃且号令分明。天水、南安、定安三个郡县相继叛魏，响应蜀军，使关中引起巨大震动。

为此，魏明帝曹睿又坐镇长安，派部将张郃率五千人马救天水、抗蜀军，并派曹植驻扎郿城，随时准备会师。诸葛亮闻讯后，料定张郃必定要抢夺街亭这个交通要道。于是，诸葛亮问：

"谁敢领兵去守街亭？"

"末将愿往！"马谡盛气凌人，当下即立了军令状。

诸葛亮命他为先锋，拨二万五千精兵归他统帅，又派了王平作为他的辅佐，共守街亭。临行前，诸葛亮一再嘱咐马谡，要他提高警惕。同时还建议：最好多架些栅栏，多设置些障碍，只要牢牢地守住就行了。

到了街亭，马谡没有把诸葛亮的话放在心上。王平主张在马路总口下寨。马谡却自以为是，不听王平劝阻，执意要把蜀军分兵两路，在山上安营扎寨。结果，魏军来到马谡守军的山下，切断水源，阻绝所有下山的道路，接着又命弓箭手向山上放箭，蜀军无法冲下山来，都惊慌起来，纷纷丢掉武器，四下逃窜，致使街亭失守。刚刚夺取的天水、南安、定安三郡全部丢失，重归曹魏，诸葛亮北伐，第一次进攻祁山宣告失败。

回到汉中，诸葛亮见到逃回的马谡，心中后悔不已，连声叹道："都怪我固执己见，当初不听先主的劝告，才至于此，这完全是我的罪过啊！"

于是，他立即传令，将违反军令、严重失职的马谡斩首。接着，又向后主刘禅上书道："丢失街亭，虽然马谡有责任，但实属卑职用人不当造成的。为此，臣请求给自己贬职三级。"

吕岱闻过则喜

> 人非圣贤，不能无过，只是要改。
>
> ——赵青黎

吕岱是三国时吴国的大臣，他为官不骄，虚怀若谷，不管是谁，只要能指出他的过错，他都能虚心地接受。

有个名叫徐源的平民之士，经常指出吕岱的过失，吕岱非常感激他，并跟他交上了朋友。徐源家里生活十分贫寒，吕岱不时拿出钱来资助他。由于经常交往，吕岱发现徐源不仅为人坦荡、诚实正直，而且很有才华，于是便推荐他做了官。

在吕岱的举荐下，徐源当上了侍御史。徐源做官以后，每当他发现吕岱的缺点，仍然跟从前一样直言不讳地当面批评。吕岱也照例每次都很虚心听取他的意见。对此，朝中不少官员大惑不解，大家都议论纷纷。

有的人说："这徐源也真不知好歹，吕大人推荐他做了官，他非但不报知遇之恩，反而恩将仇报，偏偏跟吕大人过不去！"

也有的人说："人家吕大人是大人不计小人过，宰相肚里能撑船，才不计较这些呢！"

吕岱听了这些议论，心里并不在意。他对众人说："徐源能当面指责我的错误，是为了我好啊！这正是他在报答我的知遇之恩。我之所以敬重他，其原因就在于此。"

徐源死后，吕岱十分痛心，他一遍遍哭着说道："您是我的良师益友，如今离我而去，日后谁来批评我的过错呢？"

吕岱这种虚怀若谷、闻过则喜的品格，赢得了人们的称赞。

周处改过自新

良药苦于口而利于病，忠言逆于耳而利于行。

——《孔子家语》

西晋初年，吴郡义兴（今江苏省宜兴县）有个少年名叫周处，字子隐。他的父亲周鲂，曾任鄱阳太守，不幸早逝。周处幼年失父，母难管教，与里中一些恶少往来，沾染恶习，经常提枪使棒，惹事生非，闹得鸡犬不宁，人人痛恨。当时义兴河中有条恶蛟，常常兴风作浪，乘机吞食河边打鱼、洗衣之人。南山有只白额虎，常在日间下山咬伤人畜。所以，人们把恶蛟、猛虎、与周处合称为"三横"（即三害），认为周处的凶横和危害更在蛟、虎之上。义兴的百姓都希望能够除掉"三横"，过安生日子。当时有个书生很关心民情，便想了个办法来除治三害。有一天上午，周处正在园中舞剑，只见寒光闪闪，冷气森森，疾如闪电，矫若游龙，恶少们连声叫好，书生看了也禁不住赞叹起来。周处舞毕，书生便上前拱手为礼："公子剑术出众，令人眼花缭乱，佩服！佩服！"

周处把宝剑插入鞘内，得意洋洋地说："区区小术，何足夸奖。"

书生见他志得意满，便故意激他道："可惜公子剑术虽精，却无用武之处。听说南山有只猛虎，经常伤害人畜，至今无人敢上山打柴，不知公子可有胆量，独自上山刺杀恶虎？"

周处少年气盛，乡里侧目，那里经得起这一激，便扫视一下恶少们，然后骄矜地对书生说："一条大虫算得了什么，今日就看我显显手段！"说完，他把宝剑挂在腰上，顺手从马厩牵过一头浑身雪白的骏马，飞身上鞍，直奔南山而去。书生激周处南山杀虎，是希望二虎相争，必有一伤，无论是虎死还是人亡，都可除去一害。他几次到周处家去，都未见周处回来，以为他被虎吃了，正准备回家，忽听马蹄声由远而近，只见通往南山的大路上，周处手执宝剑，飞马而回，剑上血迹斑斑。周处见到书生，傲然下马，把剑一掷，昂然地走到书生面前，说："那恶虎已被我一剑刺死，可算有胆量么？"

书生把手一拱，又用话来激他："公子神勇过人，不亚鲁国卞庄，只是猛虎易杀，恶蛟难斗，公子要能下水斩蛟，方显得真本事！"

周处满不在乎地说："今日天色已晚，明天再看我下水斩蛟吧！"

书生说："好！明天我再来看公子大显身手。"说完，便告辞回家，把周处明日斩蛟的事告诉自己的亲友。于是一传十，十传百，很快地全城都知道了。

义兴的百姓听说周处上山刺虎之后，又要下河斩蛟，暗暗高兴。第二天一早，相互邀约，三五成群来到河边，都想看看"二横相斗"，谁死谁伤。

周处饱餐之后，换上紧身短衣，手执雪亮宝剑，大摇大摆地来到河边。他见两岸密密麻麻的百姓在围观，以为是看自己显露本领，为自己助威，于是昂首挺胸，左顾右盼，更加洋洋得意。这时只见河水陡涨，浊流滚滚，一条尖嘴巨眼、满身鳞甲的恶蛟，正穿波逐浪，张牙舞爪地向岸边扑来。百姓们慌忙四散，周处却高举宝剑，大喝一声，跃入河中，同恶蛟展开搏斗。那恶蛟张开血盆大口，就要吞食周处。周处急忙闪在一边，挥动宝剑，猛砍蛟头。那恶蛟耳边吃了一剑，鲜血直流，更加怒气大发，卷起滔天巨浪，转身又向周处扑来。周处精通水性，身子灵便，又一个猛子闪开，然后钻出水面，跟在蛟前蛟后，得隙便刺。那恶蛟几次扑空，又挨了几剑，愈加怒不可遏，又侧转身子猛力用铁尾一扫，想把周处击死。周处见来势凶猛，马上一个猛子钻入水中，又躲开了这致命的一击。恶蛟发现周处难斗，身上已几处受伤，疼痛难忍，便一会儿浮，一会儿沉，向下游冲去。周处也紧跟在恶蛟前后，一起浮沉，游了几十里。

百姓们见周处与恶蛟杀得难解难分，渐游渐远，三天三夜都没有回来，以为他和恶蛟全都死了，于是纷纷走上街头，敲锣打鼓，燃放鞭炮，相互庆贺。

一个白发苍苍的老头笑对书生说：“多亏先生巧计，激周处刺虎斗蛟，如今蛟死处亡，三横尽除，我们老百姓就可以长久过安生日子了！”

一个身材魁梧的小伙子满斟了一杯酒，递到书生面前说：“先生巧计除三害，为百姓做了大好事，我敬你一杯！”

接着许多百姓纷纷敬酒，表示感谢，书生难却盛情，喝得酩酊大醉。

这时周处已经杀死恶蛟，精疲力竭地从水中出来了。他以为自己刺虎斩蛟，乡人一定会赞扬自己是盖世无双的英雄，谁知回城后，却见到人们为他与恶蛟俱死而热烈庆贺，才知道自己与猛虎、恶蛟一样，同为乡里憎恶。他感到心里很不好受，也不愿同乡亲们见面，就迈着沉重的步子，悄悄地走回家去。

回到家里，周处感到又冷又饿，马上换了干衣服，又喝酒暖身，热点冷饭来吃，精神才稍微好些，就倒床休息。谁知一想到日间百姓的议论，翻来覆去睡不着。为什么做了好事乡亲们还憎恶自己呢？难道是因为自己过去横行乡里，给乡亲留下了同猛虎、恶蛟一样的印象吗？他越想越难受，渐渐有了改过自新的意思。

周处听说本郡吴县华亭（今上海市松江县）的平原内史（官名）陆机和清河内史陆云两兄弟很有才学，乐于助人，渴望向他们请教，诉说自己的苦闷。第二天周处便带上银钱，骑上快马，直奔吴县。谁知到了华亭，陆机有事外出未归，只陆云一人在家，周处便直接去见陆云。

陆云见周处一身轻装，气宇轩昂，不远千里前来看望自己，便热情地请他坐下，亲自奉上香茶。

周处恭敬地说："久闻陆氏兄弟大名，海内文宗，人人尊仰。周处今有一事不明，特来请教。"接着他把刺虎、斩蛟反被人憎恶的事说了一遍，又继续谈道："如今我想痛改前非，但岁月不居，青春已逝，恐怕改后也是一事无成，反为人所笑。"

陆云劝慰他说："《论语》说：'朝闻道，夕死可矣。'早上知道了为人之道，就是当天晚上死去，也不会感到遗憾。何况你正当壮年，还有远大的前途呢！一个人，就怕没有志气，只要能立大志，有过即改，还愁什么美名不能远扬么?"周处高兴地说："闻听先生金玉良言，茅塞大开。周处不才，定当改过自新，做一个顶天立地的男子汉!"

陆云见周处心胸开阔，知过即改，也很高兴。留他盘桓了几天，谈论天下大事，为人之道，求学之途，使周处大开眼界，临行时还赠送了周处一些经史之类的书籍。

周处回家以后，断绝了同恶少们的往来，闭门思过，刻苦攻书，学识大进。对人也分外和气，乐于为乡里做好事。乡亲们都为周处的变化感到高兴。

后来，上司知道了周处的德才，向朝廷举荐，朝廷任命周处为御史中丞（御史台长官）。到职以后，周处秉公执法，不畏权贵，敢于弹劾那些违法乱纪、残害百姓的官吏，受到了人们的敬重。

王羲之闻过即改

躬自厚而薄责于人，则远怨矣。

——《论语》

晋代大书法家王羲之被称为“书圣”，他的儿子王献之也是一位大书法家，人称“二王”。

王羲之 17 岁时在母亲卫夫人的指点下书艺大有长进，笔锋初露，震惊了方圆百里，许多人赶来请他题字、写对联。王羲之少年得志，有些飘飘然起来。

一天，他经过一家饺子铺，看见门楣上写着“鸭儿饺子铺”，门的两边写着：“经此过不去，知味且常来。”王羲之看到这 10 个大字写得毫无骨力，结构又差劲。心想：是谁写出这种字来献丑？正想转过身去，腹中感到饥饿，又见铺内食客满座，就走了进去。

王羲之见矮墙边有一口大锅，锅内沸水翻滚。只见一只只饺子从墙上飞来，不偏不倚只只都落入锅的中央，十分准确。他看得惊呆了。

王羲之坐下招呼伙计，不久伙计端上一大盘水饺，只见个个水饺玲珑精巧，活像浮在水面的游鸭。再尝尝饺子，鲜美可口，不一会儿他便把一盘水饺吃下肚去。

付账后，王羲之问店主在哪里，伙计指了指矮墙那边。他看见一位白发老太太坐在一块大面板前独自擀饺子皮，包饺子馅，动作利索娴熟，不一会儿一批饺子包好。只见她一边与伙计讲话，一边随手把一只只饺子抛出墙外，连看都不看一眼。

王羲之惊叹不已，欠身问道：“敢问老妈妈，你学了几年才练成了这手功夫?”

“熟则50年，深练要一生。”白发老太太回答说。

王羲之听了，心想，自己学写字不过十几年就自满起来，好不应该，不觉脸上一阵发热。

“吃了贵店的饺子果然名不虚传，但门口的对联为什么不请人写得好一点?”

那老太太一听生气地说：“你这位相公有所不知，我何尝不想请名人写副对子，只是像王羲之那种人架子太大，学了不到我这功夫的一半时间就眼睛抬上脑门，哪里会瞧得起我这店铺？我看他的那点功夫还比不上我这扔饺子功夫的一半深呢!”说完只顾做饺子，连看也不看王羲之一眼。

王羲之听了这番话，面红耳赤。

第二天，他亲自把给饺子铺写好的一副对联送到白发老太太手中。白发老太太收了这副对子，见来人便是王羲之，不好意思地说：“昨天不知王相公到来，言语失敬了，还请王相公原谅!”

王羲之回答说：“师傅给学生讲的一番话，真是胜读十年书啊！您老就是我的师父，请受学生一拜。”

此后，王羲之格外虚心刻苦练习，把水饺老太太讲的话当作座右铭，终于成为一代“书圣”。

展子虔闻过即改

不远之复，以修身也。

——《周易》

展子虔和董伯仁都是隋朝时的名画家。展子虔画人物用笔细腻，形象逼真；画鞍马如腾似跃，煞是惊人；特别是画北方的山水，更能给人以咫尺千里之感。为此，他在众多的恭维话面前，变得骄傲起来，不把别的画家放在眼里。

董伯仁除所画的人物、鞍马和展子虔所画的人物、鞍马不相上下外，他画的南方山水，更是别具一格：所画的亭台、楼阁，多精巧有致；所画的山水树石，多秀丽柔美。他听说展子虔很瞧不起人，不以为然地说："展子虔所画的北方山水，不过是些秃山恶水罢了。我从未见他画过一张像样的南方秀丽的山水画。"

这话传到了展子虔的耳朵里，开始他十分生气，但拿过董伯仁的山水画仔细一看，不由不佩服得连连称赞。为了取别人之长，补己之短，便主动与董伯仁和好。

董伯仁也很受感动，当下表示要向展子虔好好学习、从此，两人便成了互相学习，共同提高的好朋友。

皇甫绩自愿挨打

> 自我批评，这是一所严酷的培养良心的学校。
>
> ——罗曼·罗兰

皇甫绩是隋朝时的一位名臣。他自小丧父，跟着母亲到外祖父家居住，与表哥、表弟一起学习、玩耍。

小皇甫绩很聪明，读书、写文章，他的表哥表弟都不如他，常常受到外祖父的表扬。皇甫绩喜欢下象棋，但下不过表哥，他不服输，私下里反复琢磨。

一天，皇甫绩要和表哥下棋，比比高低。表哥看看天，太阳已经偏西了，说："该上课了，以后再下吧！"表弟也说："耽误学习，爷爷会不高兴的。"但皇甫绩苦苦哀求，表哥有些过意不去，想：皇甫绩从小丧父，跟姑妈回来，爸爸和爷爷都说，凡事要让着他，不要惹他生气。想到这里，表哥说："好吧！咱们快点下完棋就上课，别让老师等咱们。"

于是，他们三人就到谷仓里下棋，不知不觉地错过了上课的时间。

外祖父知道了，生气地把他们三人叫到客厅责问，说："你们知道自己错了吗？"

"知道，我们耽误了学习。"表哥先认了错。

"外公，这事是我的主意，与表哥无关！"皇甫绩说。

"你表哥比你大，他应该懂得。你小，父亲又死得早，跟着他混是没出息的。"爷爷说完，狠狠地打了表哥30大板作为惩罚，并命他把拉下的课立即补上。事后，皇甫绩深感内疚，但又不知该怎么办好。他向母亲认了错。母亲对他说："你知错就好，做人一定要诚实，有错勇于认错，勇于改错，才是一个好孩子。"第二天，皇甫绩去找表哥道歉，并请求表哥代替外公打他30大板。表哥听后，哈哈大笑起来，说："事情已经过去了，以后不要再犯就是了，挨打的滋味是不好受的。"

皇甫绩急了，说："表哥，如果你希望我长大成为一个有用的人，你就给我一个改错的机会吧。这次下棋明明是我的错，我欺骗了自己，而挨打的却是你，我现在知错要改错，而你又不愿意我改，这样下去，会造成今后的大错的，请表哥三思！"

表哥觉得皇甫绩的话有道理，就顺手拿起树枝轻轻地打了皇甫绩几下。皇甫绩说："表哥，这样不疼不痒等于没打，也让我下不了改的决心。外公怎样打你，你就怎样打我！"说完，他趴在凳子上，让表哥狠狠地打了他30大板。

打完后，皇甫绩爬起来说："这才是我的好表哥，有罪同受嘛！"

外公听说此事，对皇甫绩的母亲说："这孩子真诚实，将来会有出息的。"

唐太宗下“罪己诏”

以铜为镜，可以正衣冠；以古为镜，可以知兴废；以人为镜，可以明得失。

——唐太宗

唐太宗李世民是唐高祖李渊的次子。隋朝末年，李世民随父李渊起兵灭隋，建立唐王朝。李世民封为秦王，任尚书令。公元626年，李世民发动“玄武门之变”，杀死太子李建成、齐王李元吉，被立为太子。不久，唐高祖李渊让位，称太祖，李世民继皇位，称为唐太宗。

唐太宗不仅善于纳谏，精于用人，而且他能比较自觉地以国家法律约束自己，一旦发觉自己的做法违背了法律还能认真进行检讨。

一次，有个叫党仁弘的大将，做广州都督时，贪污了上百万的钱财。这件事被人告发后，主管司法的大理寺将他依法判成死刑。可是唐太宗以往很器重党仁弘，认为他是个非常难得的人才，舍不得杀他。于是便下了一道圣旨，取消了大理寺的判决，改成撤销职务流放边疆的处分。处理之后，唐太宗心里很不安，感到自己出于个人感情，置国家法律于不顾，做得很不应该。于是他把大臣召到金殿上，心情沉痛地向大家检讨说：“法律是皇帝按照上天的旨意批准制定的，皇帝应该带头执行，而不能因为私念，不守法律，失信于民。我因私念袒护党仁弘，赦免了他的死罪，实在是以私心乱国法啊！”

有些大臣正想宽慰唐太宗几句，但唐太宗说完以后却当场宣布，为了这件事，他将亲自到京城的南郊去，住草房，吃素食，向上天谢罪三日。

这一下，满朝的大臣都吃惊了，感到唐太宗为这点事，竟然要这样做，太过分了，于是便纷纷跪下劝阻。丞相房玄龄对唐太宗说："皇帝是一国之主，生杀大权是皇帝掌握的，陛下何必把这件事看得这样重，内疚自贬到这种程度呢？"

唐太宗并没有因为大家的劝说、宽慰而原谅自己。他自责地说："正因为皇帝是掌握生杀大权的，才更应该慎重认真，严格地按照国家法律办事呀。而我却没有听从大理寺依法判决的正确意见，反而不顾法律，一意孤行，这怎么能原谅自己呢？"

天快黑了，唐太宗见大家一直跪在地上阻拦，硬是不让他去郊外，便感慨万分地说："你们不要跪在地上了，快起来吧。我决定暂时不到郊外向上天谢罪了。但是，一定要下诏书，把自己的罪过公布于天下！"说着就毅然拿起笔来，写了一道"罪己诏"。唐太宗在"罪己诏"中检查说："我在处理党仁弘之事上，有三大过错：一是知人不明，错用了党仁弘；二是以私乱法，包庇了党仁弘；三是赏罚不明，处理得不公正。"唐太宗向大臣们宣读之后，立即下令，将他的"罪己诏"向全国的臣民公布。

画圣吴道子拜师

反身而戒，乐莫大焉。

——《孟子》

吴道子，唐朝"开元盛世"时期的画圣。

他天性聪明，一向好学，在向师傅学画的一群学生中，他的成绩最为突出，画得很好。师傅看他学有所成，决定让他出去闯荡一番。临别时向他赠言："不拘成法，另辟蹊径。"

吴道子认为已经学的很好，很了不起了，就恃技狂傲。一次，与名画家杨惠之比画，结果比败了，他羞愤难当，不仅撕了自己的画，也把杨惠之的画抢过来撕掉了。

他没想到还有比他画得更好的人。他衣衫不整，失魂落魄地来到一家酒肆。正巧，当朝的秘书监贺知章和长史张旭正在豪饮。他们醉后挥笔。贺知章提笔写出一幅古拙沉雄，大有飞动之势的狂隶书："酒中去寻蓬莱境，悠悠荡荡上青云。"而张旭展臂挥写，两行狂草出现在墙壁上。写道："张颠自有沧海量，满壁龙蛇碗底来。"其字迹真如龙蛇狂舞，气势豪壮。

吴道子看得发呆，仿佛得见天人一般。他奔到贺、张二人面前，扑地跪倒，纳头便拜。贺、张二人见一满脸污垢的人跪在面前，以为是乞丐来乞讨，连忙扔下两把碎银，向门外走去。吴道子慌忙站起，跪到门前，把二位大人拦住，重又跪倒在地，说："在下姓吴名道子，愿投在二位老先生门下学习书法。"贺、张二人这才明白吴道子的用意，但看他这副怪模样，都不大欣赏地摇了摇头。在他们看来，这个人怎么能学好字呢？贺知章拉着张旭，绕开吴道子又向门外走去。

吴道子一看，他们不肯认他为学生，重又站起，急得大叫："二位先生慢走！"然后，跑过去连连叩拜不起，只叩得额头青紫，流出血来，嘴里还不住地说道："道子实在是为先生的技法倾倒，望能收下弟子，望能收下弟子。"一时间声泪俱下。

贺、张为吴道子的一片挚诚所感动，忙过去把他扶起来。张旭取出自己写的楷、行、草三幅字给吴道子，要他先临习两年，并说："字外无法，法在字中，勤奋就是诀窍。"

烈日炎炎，蝉鸣不已，吴道子在室内赤臂挥毫，练习楷书。他大汗淋漓，案上已积满了已书写过的纸张。

秋去冬来，大雪盖地，吴道子在书写狂草。

一年过去了，吴道子去拜见恩师。张旭见吴道子来，马上问道："你为何临摹刚一年就来找我？"吴道子把一幅自己写的草书呈给张旭，回道："弟子来请恩师指导一下……"张旭将条幅展开一看，很生气，随手掷于地上。吴道子见状，连忙跪在地上说："恩师，弟子知道，技法还远未练成，然而弟子不是为学书法而学书法的。""嗯?"张旭面有愠色。

吴道子说："弟子本来志在丹青，现如今画坛技法俱已陈旧，弟子志在创新，另开蹊径，然而苦于无从下手。也是苍天助我，幸得偶见恩师书法，笔走龙蛇，气势磅礴，猛然悟得若能以书法绘画，便可一改前代画风，于是拜在恩师门下。现有一拙作，望恩师赐教。"说毕，将一幅"兰叶描"金刚力士像呈现张旭面前。

张旭接画在手，展开观看。吴道子窥视着老师的脸色。但是，张旭却一脸矜持之情，不露声色。观后，张旭将画卷了起来。

吴道子起身道："弟子还要游遍远近山川庙宇，再练山水画技，就此告辞了。"说完，对着张旭拜了三拜，转身离去。

张旭待他走后，才展开画幅重新看了又看，赞叹道："绝顶聪颖绝顶狂，天生道子世无双。"

狄仁杰自愧

今日改今日的，明日改明日的，自然长久，庶几寡过焉。

——赵青黎

娄师德是唐朝武则天称帝时的宰相。

一次，武则天单独召见娄师德，和他谈论政事。谈话中，武则天问娄师德有没有可以担任辅政大政的人才。娄师德听后，未多考虑，极力推荐了狄仁杰。事后，武则天果然采纳了娄师德的意见，将狄仁杰从外地召回京城，和娄师德一起同任宰相。

狄仁杰任宰相后，并不知道正是由于娄师德的举荐。相反，他在心中倒是总记着过去和娄师德的一些不愉快的过节。而且，因不久前他曾遭受到一些政治迫害，心里总怀疑是娄师德在里边起了不好的作用。因此，常常当着武则天的面讲娄师德的不好。

时间长了，引起了武则天的注意。

一天，武则天在便殿和狄仁杰闲谈。闲谈中，武则天有意问狄仁杰："娄师德的品德好不好？"

狄仁杰话中带刺地说道："他带兵守边时，有过战功，至于他的品德好是不好，我不很清楚。"

武则天接着又问："他能发现和举荐出色的人才吗？"

狄仁杰却说："我和他在一起，没有这方面的感受，也不曾听说过。"听到这，武则天哈哈大笑，对狄仁杰说："你还不知吧，你能当上宰相，正是由于他的举荐呀！"接着又说："依我看，没有比娄师德做得更好的了。"随即找出了娄师德的荐表，让狄仁杰过目。

事情出乎狄仁杰的意料之外，他感到十分惭愧，感叹地说："娄师德的度量这么广阔，我的全身都给包涵进去了，却还一点不知道人家的恩德，可见，我比他差远了！"

从此，狄仁杰主动接近娄师德，很快两人的关系密切起来，共同辅佐武则天管理国务。

不久，北方的契丹国出兵犯境，攻陷了一些州郡。敌兵烧杀抢掠，百姓纷纷逃难。这时，狄仁杰和娄师德一同率兵出征，抵御敌兵。他俩互相配合，分路出击，杀退了敌军，收复了失去的州郡，使边境居民重新过上了安居乐业的生活。

郭子仪李光弼不计私怨

> 内省不疚，夫何忧何惧。
>
> ——《论语》

唐朝时，朔方节虞使安思顺属下有两位杰出的部将，一个叫郭子仪，一个叫李光弼，他们两人之间有些矛盾。路上相遇，总是互相回避，就是在一起时，也互不说话，各自都把个人的私怨深深埋在心里。

唐天宝十四年（755 年）冬，范阳节度使安禄山举兵叛乱。为了平息叛乱，唐朝政府提拔郭子仪继任朔方节度使，统兵御敌。这样一来，李光弼就成了郭子仪的部将。郭子仪想到平时两人的关系，心里很不安。这时唐朝皇帝又传来旨意，命令郭子仪即日率部出征。此时的李光弼也对自己的处境非常担心。他怕郭子仪会寻机报复，便硬着头皮主动向郭子仪认错，说："过去我不好，得罪了您，今后不管怎样处理我，我都不抱怨，只希望不要报复到我的老婆孩子身上。"没等李光弼说完，郭子仪赶忙离开座位，跑了过去，紧紧抱住了李光弼说："李将军，现在是什么时候，国家危急，百姓遭难，正需要我们一起去效力，特别需要你这样的人才，难道我们还能像过去那样小肚鸡肠，计较个人恩怨吗？"说完，把李光弼扶到座位上，边为他斟茶边说过去都是自己不好，并表示今后一定要不计个人恩怨，主动搞好团结，彼此互相帮助。

看到郭子仪如此心怀坦荡，不计个人私怨，李光弼心里非常感动，当下就和郭子仪对拜了几拜，然后带兵请战。从此，他们二人将帅协同，在平息叛乱中，各自都立下了卓越的战功。

宋太祖尊师

> 待人要丰，自奉要约；责己要严，责人要薄。
>
> ——陈宏谋

宋太祖（927—976），即赵匡胤，涿州（今河北涿县）人，宋王朝的建立者。公元960—976年在位。

赵匡胤出身于一个官僚家庭。他的父亲是后唐骑兵中一个中级指挥官。赵匡胤出生的时代，正值政局混乱的五代时期。那时，出于战争的需要，人们普遍崇尚武术，轻视读书。赵匡胤小时候，就和一般公子哥不同，既崇武，又重文。七岁时入了私塾读书，学习非常刻苦，成绩总是名列前茅。他的老师叫辛文悦，是个知识渊博的人。老师特别喜欢他，他也十分尊敬老师。

那时候，学生常常捉弄老师。

有一天，劳累的辛老师竟趴在书案上打起盹来。两个好恶作剧的学生偷偷地溜出教室，从后园中捉了只螳螂放在了辛老师的肩头上。螳螂舞动着长腿，一步步向上爬着，眼看着就要爬到辛老师的脖领里。学生们不再读书，新奇地看着，不时地发出“嘻嘻”声。赵匡胤看到学生这样不尊重老师，十分气恼，狠狠瞪了那两个学生一眼，便轻手轻脚地来到老师跟前，把螳螂捉了下来。恰巧这时候老师醒了，看见赵匡胤手里捏着只螳螂，以为他在捣蛋，气得上气不接下气，冲着他喊：“真乃顽童，岂能容汝。去也！”赵匡胤什么也没说，流着眼泪退出课堂。

后来，辛老师从别的学生嘴里得知真相后，心里很不平静。他把赵匡胤找到身边赔罪说：“汝无错，师之过也！”

从此，辛老师更加器重赵匡胤，赵匡胤也更加刻苦学习。他跟辛老师学了很多别人学不到的知识。

“陈桥兵变”后，赵匡胤当了皇帝。做皇帝后，他没有忘记恩师，派人把老师接到朝中。辛老师一见当朝皇帝，就要行君臣大礼，赵匡胤忙跪拦道：“愧煞我也，学生理应拜先生！我永远是您的学生啊！”辛老师感动得热泪盈眶，决定应赵匡胤之邀，留在朝中，效忠大宋王朝。

从此，宋太祖赵匡胤重文尊师的美德誉满天下，人们纷纷效仿他。一时间，全国上下崇尚学习，尊敬师长，成为风气。

寇准认错

躬自厚而薄责于人，则远怨矣。

——《论语》

王旦与寇准，是北宋时期两位著名的宰相。他们是同时代的人，但王旦拜相早于寇准。寇准的一生事业，不在王旦之下，但仅就推己爱人而言，则寇准不及王旦。

王旦做宰相时，屡于人前言寇准之长，而寇准却常揭王旦之短。

有一次，王旦又在真宗皇帝面前夸赞寇准，真宗皇帝微笑着对王旦说：“爱卿虽然经常在朕面前夸赞寇准，但寇准却总在朕面前说爱卿的坏话。”

王旦神情自若地说：“这是理所当然的。臣在相位多年，必有许多过失。寇准对陛下毫不隐瞒臣的过失，不正说明寇准对陛下的忠诚吗？不也说明寇准是一位耿直的人吗？我所以尊重寇准，正在于此。”

真宗皇帝听了王旦的话，含笑不语，心中更加赞赏王旦的贤良。

王旦主持中书省，寇准主持枢密院。有一次，中书省有公文送枢密院，违背了真宗皇帝的旨意。寇准发现后立即报告了皇帝，结果使王旦及中书省所有官员都受到了责罚。

真是巧得很，事情没过一个月，枢密院有公文送中书省。也同样违背了真宗皇帝的规定。中书省官员抓位了寇准的把柄，想乘机报复。一位官员非常高兴地报告给王旦，劝王旦奏于真宗皇帝，给众官员出口气。但是，王旦却严厉地命令这位官员把公文送还枢密院，并让他当面指出公文的错误。

这位官员拿着公文到枢密院，把事情的前前后后都告诉了寇准，寇准羞愧难当，亲自送这位官员离开枢密院。

寇准回到府中，在室内踱来踱去，回想起一件件往事：与王旦同榜得中，两人互相勉励，朝中议事，二人常常不谋而合！自己受小人谗言，受降职处分，王旦忿忿不平；被贬之后，王旦想方设法让真宗皇帝召回……但是，自己为什么常常在真宗皇帝面前说他的坏话呢？为什么多次顶撞他？为什么见到他的过错就抓住不放，与他为难呢……

他越想越后悔，越想越难过。想起战国时廉颇负荆请罪的事，寇准立即来到王旦府上，一见王旦，纳头便拜。

王旦大吃一惊，忙搀扶寇准。寇准不起，死死地跪在地上说："寇准请罪，寇准请罪！"

"这从哪里说起？人非圣贤，孰能无过。"王旦边说边拉住寇准的胳膊，把他搀扶起来，请他入座。

寇准感叹道："老同年，我真佩服你有这么大的度量呀！"

不久，王旦得病，面容憔悴，真宗皇帝问他谁可继承相位。

王旦先是不肯开口，最后还是说："以臣之愚见，莫如寇准。其他人，臣所不知也。"

"寇准性情刚偏，有人奏于朕，说寇准过生日，筑大棚，设大宴，欲与朕相比。"

王旦忿忿不平地说："望陛下勿听小人进谗。寇准乃当今贤良之士，忠心耿耿。他的雄才大略，是社稷不可缺少的。寇准生辰，拜贺的人川流不息，不正说明他德高望重吗？说他想与陛下相比，纯属谗言。陛下任用寇准，江山可以安保！”

真宗听了王旦的话，微笑着点了点头。

寇准每天朝罢，都要到王旦床前问候。有一次，寇准眼含热泪说道：“王大人，有何教我？”

王旦声音低微地说：“眼看我就不行了。临别要说的话，就是要注意平等待人，既不要使人感念自己的恩惠，也不要让人惧怕自己的威严……”

寇准感动得热泪直流，久久不肯离开王旦的病榻。

王旦去世不久，真宗便尊重王旦遗言，任命寇准为宰相。寇准入朝拜谢说：“谢主上圣恩，要不是陛下了解臣，怎么能任命臣再为宰相呢？”

真宗皇帝潸然泪下，把王旦举荐的话从头至尾说了一遍。寇准听了，泪流满面，深感内疚地说：“臣对不起王旦，他的见识、品德是寇准所不及的。”

退朝之后，寇准再次来到王旦府中，对着王旦亡灵拜了三拜，思念王旦的巨大悲痛压得他喘不过气来。他仰望着王旦的灵牌默默悼念着，很久很久不肯离去。

范仲淹请罪

> 古之君子，过则改之；今之君子，过则顺之。
>
> ——《孟子》

吕夷简（978—1043），北宋大臣。有一次，他对皇帝宋仁宗说：“范仲淹是个有才能的人，朝廷若想用他，就应该重用。”

宋仁宗说："可他反对过你啊！"

"他虽曾经反对我，"吕夷简说，"但我的确也是有毛病的，再说他也是为国家着想啊！""好吧！"宋仁宗同意了。

不久，宋仁宗就升范仲淹为学士，任参知政事。范仲淹到任后向仁宗建议十件事，主张建立严密的任官制度、注重农桑、整顿武备、推行法制、减轻徭役等等，受到皇帝的信任。人们议论纷纷，说："吕夷简不念旧恶推荐范仲淹，真是个为国家着想的老人啊！"

范仲淹明白自己所以能施展抱负，是由于吕夷简的推荐，非常感动。他跑到吕夷简家里当面请罪，说："过去我多指责您，想不到您还这样看重我……"说着，眼睛都红了。吕夷简安慰他说："大家都是为国着想啊，有什么说的呢？"

"三袁"宴师

> 尽量宽恕别人，而决不要原谅自己。
>
> ——西拉斯

袁宗道、袁宏道、袁中道三兄弟，湖广公安（今属湖北）人，都是明朝有名的大文学家，史称"三袁"。

明朝万历年间，袁家三兄弟同时考取了进士，这一喜讯在家乡引起了极大的轰动。袁家准备设宴款待家乡父老。按照规矩和常礼，三位进士的老师都应邀请出席宴会，并要奉为上宾，坐在首席位置。

有一位名叫刘福锦的教书先生，是老三袁中道的启蒙老师，但是中道在他那里读书的时间很短，很快就转到其他地方学习去了。因此，袁家对他的印象不深。这次宴会发请帖，又是老大袁宗道操办的，因而把三弟的这位老师给漏掉了。

刘福锦见袁家宴请家乡父老没有给自己发请帖，心里十分恼火，再加上有些乡亲又借机挖苦他，更使他不能容忍，便在一张白纸上写了一句话“高塔入云有一层”，签上自己的大名，派他的一名学生送给袁中道。中道打开一看，恍然大悟，拍着脑门连说：“失敬了，失敬了。”然后，急忙找两位哥哥商量。

袁家三兄弟最后决定，再专门宴请刘福锦先生一次，并重新邀请所有的师长族尊作陪。

兄弟三人立刻写好请帖，老三袁中道还特意把刘先生送的一句话对成一首诗，写在了帖子上：“高塔入云有一层，孔明不能自通神。一日为师终生父，谨请先生谅晚生。”以此表示自己对先生的歉意。

宴会那天一大早，袁中道特意抬着轿子去刘福锦先生家接他。不料，刘先生生性固执，还在生袁家三兄弟的气，硬是不肯上轿。老大、老二在家里左等右等，就是不见三弟把刘先生请来，心里十分焦急。于是，哥俩赶忙步行到刘先生家。兄弟三人一齐施礼，向刘先生道歉，恭请先生上轿。三兄弟的真情实意终于感动了刘福锦先生，他扶起了三兄弟，上轿前往袁家赴宴了。

酒席间，三兄弟频频向刘福锦先生举杯致歉，并感谢他对中道的教育之恩。这时，刘先生早已把先前的不愉快之事丢到了九霄云外，宴会的气氛极为融洽。

唐寅学画

> 与人不求备，检身若不及。
>
> ——《尚书》

唐寅，字伯虎，明朝著名的画家、文学家，吴县（今江苏苏州）人。唐寅从小聪明过人，不仅读书作文一般人比不上，画儿也画得好，山水、人物、花鸟、松石，都画得活灵活现，连当地一些很有名望的人也请他作画。这样一来，唐寅就以“神童”自居，自以为了不起，学习也不肯吃苦了。母亲看着儿子年纪轻轻就骄气凌人，长此以往十分危险，就让儿子打点行李，到大画师沈周那里拜师深造，学习绘画。沈周早年也以“神童”享誉江南。八岁即游学南都，做百韵诗献给巡抚侍郎崔恭，受到赏识。沈周看小唐寅一表人才，高兴地收下了这个徒弟。每日朝夕教习，唐寅进步很快，学了不久他的画就画得很不错了，得到很多人的称赞。一年下来，唐寅拿自己的画偷偷地跟老师的去比，不论是画技还是画法，都认为已经没有任何差别了。唐寅暗想：我学习画画已经一年多了，母亲一定很想我。现在我已经画得和老师差不多了，也该回家看看母亲了。唐寅就买了很多礼品去见老师，向老师请假。沈周什么也没说，只说要为唐寅饯行。

到了送行那天，沈周准备了很多饭菜。等唐寅吃过之后，把他带到了一间屋子里。唐寅进门一看，发现这间屋子的位置很特别，布置也很有特色，屋子四面都有一扇门，从每扇门望出去都会看到花园。花园的景色非常美，有的是红花绿柳，有的是小桥流水，有的是曲径通幽，还有的是花团锦簇。唐寅心里很纳闷：我在老师家待了这么长时间，怎么没有发现这样一个好玩的地方。于是，他就想从离他最近的那扇门进入花园。可他刚一迈步推门，门不仅没推开，人却被撞了回来，他忙又去推第二扇门，结果又被撞了回来，连开三个门都碰了一鼻子灰。唐寅着急地说："老师，这些门都锁着，我怎么出去观景呀！"沈周笑着对他说："你走上前去摸一摸，仔细看看是上了锁吗？"唐寅赶紧走上前一摸，这些哪里是门和花园呀，都是一幅幅老师画的画，挂在了墙壁上。唐寅的脸一下子羞得通红。他转过身来，扑通跪在老师面前，说："老师，请您原谅学生的无知吧！我不想回家省亲了，我要留下来继续跟您学习。"

沈周把唐寅扶起来，将唐寅送的礼退还给他，语重心长地说："尊重老师不只是表现在礼仪上，更重要的是要根据老师的教导去做，你浅尝辄止，怎么能学到更高深的画技呢？"此后，唐寅为了学习画技，就在老师的小屋旁边建造了一座同样的小屋，一天到晚揣摹老师的画，画了一遍又一遍，遇到不懂的就请教老师。沈周有一次说："唐寅呀，学画可不能光临摹哟，我的小屋无窗，你可不能也无窗噢！"唐寅一想也对，就把门窗都画上。花开花落，秋去冬来，不觉三年过去了。

春节将至，唐寅出去买了些鱼和肉，和师母一起做好，端到自己的小屋里。唐寅请老师沈周和师母坐首座，自己斟酒，感谢老师的辛勤教诲。忽然一只猫从门外窜进来跳上桌子，唐寅"啪"地一掌打去，那猫儿纵身一跳，想从"窗户"逃出去，不料刚到窗口就摔了下来，它连跳三个窗口，都没有逃出去，最后还是从大门跑了。沈周一见，哈哈大笑道："唐寅呀，功夫不负有心人，你该回家看你母亲了呀！"

唐寅辞别老师，回家探望母亲，此后，他又继续苦练，终于成为与沈周、文徵明、仇英并驾齐驱的明代四大画家之一。

改过自新的张岱

欲知人者必先自知。

——《吕氏春秋》

张岱，字陶庵，生活在明末清初，是当时著名的文学家和历史学家。

张岱出生在明朝一个世代为官的贵族家庭里，从小过着纨绔子弟的豪华生活。那时候，他成天穿着华丽的衣衫，骑着高大的骏马；家中有娇妻美妾，身边跟着俊俏的男童；吃喝嫖赌，走马打猎，他样样精通；逛戏园，买古董，玩花鸟，他全家是行家。提起张岱，没人不知道他是天下出了名的浪荡公子。

直到张岱五十岁那年，平地一声惊雷震碎了他的美梦：清朝军队的金戈铁马一路席卷而来，推翻了明朝的天下。

国破家亡的悲剧，终于使张岱清醒过来，他决心痛改前非，要做个堂堂正正的男子汉。

这时候，明朝的许多官员和著名文人看到大势已去，都剃了头发，留起长辫，投降清朝，做了新贵人。而张岱却发誓不做亡国奴，他披散头发，独自一人跑进深山隐居。他昔日的一些朋友和熟人劝他顺应潮流，归顺清朝；清朝的官员们听说了他的大名，也屡次派人来请他出山做官，他都坚决拒绝了。

张岱自己建了一座残破的茅屋，过着野人般的生活。常常连着几天无米下锅，只得靠野菜度日。他听说一些朋友在反清的秘密斗争中牺牲的消息后，曾几次想过要结束自己的生命，来表示自己对故国的忠诚。但是，一件未完成的事业使他放弃了自杀的打算。原来，他正在编写一部记述明朝历史的传记著作，他想通过这部书的写作来表达自己对故国的思念。后来，他终于饿着肚子写成了这部巨著，取名叫《石匮藏书》，成为一部研究明朝历史兴衰的重要文献。

在写作《石匮藏书》的同时，张岱还写了不少文章和诗歌。在这些作品中，他不仅抒发了国破家亡的悲愤，还沉痛地回顾了自己昔日的腐朽生活，表达了深深的悔恨心情。

张岱坚贞不屈的民族气节感动了很多人，大家渐渐改变了对他的看法，都称赞他是一位有骨气的民族义士。后来，他的名气越来越大，人们纷纷私下传阅他的文章和诗歌，把他当作一位了不起的人物。但张岱自己却从没有原谅过自己过去的错误，仍然常常写文章检讨自己。

有一天，张岱的茅屋里来了位不速之客。这人姓施，是张岱多年不见的一位老友。张岱一见他，惊喜交加地喊道："施兄，原来你没有死！我听说你在嘉兴一带参加起义，已经战死了呀！"

来人笑了，说道："我隐姓埋名多年才躲过了追捕。现在眼看老得不行了，临死前，怎么也得来看老朋友一眼啊！"他看了看张岱披散着的长发，笑着说："怎么，你老兄还敢留着头发不剃呀，不怕清兵砍你的头吗?"

张岱哈哈大笑道："我是山中一野人，与世隔绝，谁要让我留清朝的辫子，就让他把我的头也拿去！"

接着，张岱请朋友坐下，自己出去准备饭食招待他。

姓施的朋友随手拿起桌上一篇尚未写完的文稿，只见上面赫然写着《自为墓志铭》一行题目，他连忙一行行读了下去。张岱在这篇自己给自己写的墓志铭中，又一次回顾了昔日的腐朽生活，深刻地检讨了自己的过错。等张岱进屋的时候，姓施的朋友正拍着桌子说："好文章啊！"他转过脸来对张岱说："当年陶渊明、徐文长自写墓志铭，为后人仰慕，没想到你老兄也有这样坦荡的胸怀和气魄啊！"

"施兄过奖了，我哪里能与前代的伟人们相比，只不过是东施效颦罢了。"张岱淡淡地微笑着说。

“不过，有一点我赞同。你不该在文中过分地自责，那都是多年前的往事了，年轻时的过错记一辈子就可以了，难道死后还要让后人去议论吗？你这些年做了这么多好事，现在人们都敬佩你的忠贞节义，你又何必败坏自己生前的清名呢？”朋友诚恳地劝说着张岱。

“施兄不知，我之所以苟且偷生，活到今天，正是为了痛改前非，弥补昔日的过错。我时时提起过去，就是要让世人看到：一个有罪之人是如何改过自新的。”“说有罪太过分了吧，你生于显贵之家，像你那样生活的官宦子弟并不少见。”“施兄你想想看，那时国家已经风雨飘摇，官场一团腐败，而我辈却只知醉生梦死，不知发愤图强，这不是罪过又是什么？这些年来，我常常想，自己前半生有罪，如今所剩的光阴已经不多。唯一能够做的，就是把自己的短处统统揭发出来，让后人记取教训。说实在的，写这篇墓志铭时，我也因为私心，几次中途停笔。可后来一想到这些，还是准备继续写下去，一直写到死的那一天为止。”

说完，张岱举了举手中的酒壶，说：“不提这些了！你看，这是我珍藏多年的好酒，今日咱们老友重逢，喝他个一醉方休可好？”

姓施的朋友也从背囊中取出一只野鸡，说着：“喏，这是我路上向猎人买的，你怕是也好久没闻到肉味了吧？咱们来个野鸡美酒宴，看看能不能比得上你昔日的山珍海味！”

两位朋友哈哈大笑，他们都好久没有这样痛快过了。

叶桂埋名学医

君子之过也，如日月之食焉。过也，人皆见之；更也，人皆仰之。

——子贡

清代医学家叶桂，苏州人。父亲曾是一位名医。他跟父亲学医，年龄不大便能开方把脉。14岁那年，父亲病逝，他便接过父亲的班，继续行医，居然治好了许多疑难杂症，颇负盛名。这可气坏了另一位年轻的医生，他叫薛雪。他对叶桂不服气，就给自己的书房起了个名，叫“扫叶庄”。

叶桂得知，也十分生气，便以牙还牙，也把书房改了名，叫“踏雪斋”。

没过多久，叶桂的母亲忽然得了病，而且病势很重。叶桂给母亲开了药方，可是吃了总不见好转。这事传到薛雪那里，他对徒弟们说：“自古都是医别人容易，医自己难。叶桂爱母心切，舍不得下猛药。其实，这种病非‘白虎汤’不可。”不料这番话传出去了。

叶桂得知薛雪的看法，恍然大悟。照方用药果然治好了母亲的病。他亲自前往拜见薛雪，说平日不敬先生，特来请求先生恕罪。

叶桂18岁那年，有位举子从江西来到苏州。他患病多年，日渐严重，便请叶桂看病开药。叶桂见他面黄肌瘦，不停地咳嗽，经过望、闻、问、切之后，就说：“不用吃药了，赶快回家，越快越好。如果路上一有耽搁，就恐难与家人见面了。”

举子听了叶桂的诊断，半信半疑，叶桂猜出了他的想法，便说：“保证没错，快动身吧。如果我诊断错了，宁愿叫你砸了门外的招牌！”

听了叶桂的忠告，那举子急急乘船返乡，有生之日与家人见上一面。后转念一想，反正病也好不了啦，不如沿途散散心，看看风景名胜古迹，也不算枉活一世。到了镇江，听说金山寺很好玩，便离船上岸，登山游览。

举子尽兴玩了一天。当天晚上住在金山寺。吃晚饭时，老僧拿出化缘账本，对他说："请为佛事捐点钱吧！"举子想也没想，便将随身所带银两都捐了。老僧连说了几声"善哉"。又见那客人愁眉苦脸的样子，便问："怎么，施主身体不适？""岂止是不适？我活不了几天啦！"举子便把叶桂的话重复了一遍。

老僧为他把脉，详细地询问了发病的经过，点点头说："叶桂真是名不虚传，你的病确属绝症啊！"举子听了心更凉了。

老僧又说："我问你，回江西走旱路还是走水路？"

"我有船，走水路。"

"那太好了，如今正值秋高气爽，正好新梨上市，你装上一船生梨，你整天吃在梨上睡在梨上，不管是渴是饿都吃梨，等到了江西，梨吃没了，再去抓药试试吧……"说罢，老僧开了一副药方。

一年过去以后，江西举子又来苏州拜见叶桂，他说："我没死，砸你的招牌来了。"

叶桂顿时吃了一惊，忙问经何人所治。真是天外有天，强中自有强中手，能人背后有能人啊。叶桂当即取下医牌，前往镇江拜师。

叶桂到了金山寺，怕老僧不予收留，便隐姓埋名。谎称自己是个流浪汉，愿意伺候老僧，讨一口饭吃。老僧见他人很聪明，喜欢学医，便收他为徒。叶桂每日里给病人按方抓药，端屎端尿，十分勤快，有时师傅出诊，他就身背药箱，紧跟其后。

三年以后的一天，寺院里来了个急重病人，当时师傅不在，叶桂就给他诊治。病治好了，师傅归来，看过药方，仰头大笑起来。

叶桂说："药方有不妥之处吗？"

老僧说："好你个叶桂，竟骗了我。除了苏州的叶桂，哪个敢开有毒的砒霜？"叶桂俯身跪倒，说："徒儿为了学到真传不得不这样做啊！"便讲述了前后经过。

老僧见叶桂身为名医，谦虚好学，不耻下问，十分感动，便将自己的全部医术都传给了叶桂。

叶桂谦虚好学，终于集众家之长，自成一家。他著的《温热论》一书，对温病学说的发展做出了很大贡献。

鲁迅的“早”

> 我的确时时解剖别人，然而更多的是更无情面地解剖自己。
>
> ——鲁迅

鲁迅于1881年9月25日，出生于绍兴城内都昌坊口一个破落的士大夫家庭。鲁迅原名周树人，是中国现代著名的文学家、思想家和革命家。

鲁迅自幼聪颖勤奋，十二岁时到三味书屋跟随寿镜吾老师学习，在那里攻读诗书近五年。鲁迅的坐位，在书房的东北角，他使用的是一张硬木书桌。现在这张木桌还放在鲁迅纪念馆里。

鲁迅十三岁时，他的祖父因科场案被逮捕入狱，父亲长期患病，家里越来越穷，他经常到当铺卖掉家里值钱的东西，然后再在药店给父亲买药。有一次，父亲病重，鲁迅一大早就去当铺和药店，回来时老师已经开始上课了。老师看到他迟到了，就生气地说：“十几岁的学生，还睡懒觉，上课迟到。下次再迟到就别来了。”

鲁迅听了，点点头，没有为自己作任何辩解，低着头默默回到自己的坐位上。

第二天，他早早来到学校，在书桌右上角用刀刻了一个“早”字，心里暗暗地许下誓言：以后一定要早起，不能再迟到了。

以后的日子里，父亲的病更重了，鲁迅更频繁地到当铺去卖东西，然后到药店去买药，家里很多活都落在了鲁迅的肩上。他每天天不亮就起床，料理好家里的事情，然后再到当铺和药店，之后又急急忙忙地跑到私塾去上课。虽然家里的负担很重，可是他再也没有迟到过。

在那些艰苦的日子里，每当他气喘吁吁地准时跑进私塾，看到课桌上的“早”字，他都会觉得开心，心想：“我又一次战胜了困难，又一次实现了自己的诺言，我一定加倍努力，做一个言行一致的人。”

后来父亲去世了，鲁迅继续在三味书屋读书，私塾里的寿镜吾老师，是一位方正、质朴和博学的人。老师的为人和治学精神，那个曾经让鲁迅留下深刻记忆的三味书屋和那个刻着“早”字的课桌，一直激励着鲁迅在人生路上的继续前进。

鲁迅十七岁时从三味书屋毕业，十八岁那年考人免费的江南水师学堂；后来又公费到日本留学，学习西医。1906 年鲁迅又放弃了医学，开始从事文学创作，先后在北京大学、北京师范大学等学校教过课，成为中国新文学运动的倡导者。鲁迅是中国文坛的一位巨人，他的著作全部收入《鲁迅全集》，被译成五十多种文字广泛地在世界上传播。

宋庆龄向小孩子道歉

> 人言果属有因，深自悔责。返躬无愧，听之而已。
>
> ——石成金

宋庆龄，为人祥和、谦虚，从不居功自傲，哪怕是对待小孩子，她也十分认真、尊重。

宋庆龄十分喜欢清洁。她看到有的女孩子头发脏了，就提醒赶快洗头，看到有的孩子指甲长了，就取出指甲刀帮助修指甲。遗憾的是，有一次在提醒孩子注意卫生时，却出现了差错。

那是初春的一天，宋庆龄来到中国福利会儿童艺术剧院看望小演员们排练节目。她边走边看，有时站下来点着头夸赞小演员表演逼真，有时弯下腰来询问孩子衣服合不合适，有时将耳朵侧过来，听孩子们向她讲着什么悄悄话。

当她走到小演员陈海根面前时，眉头微皱，说："你叫什么名字？"陈海根腼腆地回答："陈海根"。"瞧，你的脖子那么脏，快去洗"。

陈海根站在那里没有动，想说什么，可又没说出来。宋庆龄以为陈海根不接受意见，就又和蔼地说："只有讲究卫生，才能身体健康，不生病。有了健康的身体，才能做好革命工作。""是！"陈海根说话了，但好像带着一丝委屈。宋庆龄以为陈海根懂了，就转身跟另一位小演员讲话。

"宋奶奶——"有几个小演员大着胆子叫道。

宋庆龄急忙回过头来，她一眼看到陈海根还站在那里，脸涨得绯红。她又望望叫她的几个孩子，问："你们——"

孩子们七嘴八舌地说："陈海根的脖子不是脏，是黑。""他生来皮肤就黑！""您冤枉他了！"

宋庆龄一下子愣住了，眼里闪着歉疚的光，仿佛在自责："我太粗心了！"她急忙走到陈海根面前，轻轻抚摸他的头，仔细一看，可不，果然是黑皮肤。

她带有歉意地笑了，拉起陈海根的手，诚恳地说："孩子，我搞错了，请你愿谅我。"陈海根急忙摇头说："不，不，宋奶奶，不能怪您。应该怪我的脖子，确实太黑了，怎么洗也洗不白。"

宋床龄爱抚地拍了拍陈海根的肩膀，说："好孩子，谢谢你安慰我。是我错了。我应该向你道歉，请你原谅我。""宋奶奶——"孩子们都被宋奶奶的话语感动了。

梅兰芳改错敬师

> 君子成人之美，不成人之恶。小人反是。
>
> ——《论语》

梅兰芳（1894—1961），原籍江苏泰州，生于北京。著名的京剧表演艺术家。在半个多世纪的艺术生涯中，不断探索，不断革新，在艺术上精益求精，虚心好学，形成自己独特的艺术风格，也称“梅派”，对我国京剧事业的发展做出了突出的贡献。

戏剧大师梅兰芳先生，不仅在我国戏剧艺术发展史上占有光辉的一页，而他甘拜他人为师、拜名人为师，活到老学到老，尊师敬业的美德，广为传颂。

解放前，在一次京剧《杀惜》的演出中，剧场内，戏迷们喝采声不绝于耳。“不好！不好！”突然，从剧场里传来一位老人的喊声。人们一看，是一位衣着朴素的老者，已有六旬年纪，正不住地摇着头。

梅兰芳看到这一情景，心里感到蹊跷。戏一下场，他来不及卸装、更衣，就用专车把那位老先生接到家中，待如上宾。他恭恭敬敬地对老人说道：“说我孬者，是吾师也。先生言我不好，必有高见，定请赐教，学生决心亡羊补牢。”

老先生严肃而认真地指出：“惜姣上楼和下楼之台步，按梨园规定，应是上七下八，博士为何上八下八，请问这是哪位名师所传？”

梅兰芳一听，恍然大悟，深感自己的疏漏，纳头便拜，连声称谢不止。

后来，梅兰芳凡在当地演戏，都要请这位老者观看，并常请他指教。

梅兰芳不仅在京剧艺术上有很深的造诣，在琴棋书画上也是妙手。他师从齐白石，虚心求教，总是执子弟之礼，经常为齐白石磨墨铺纸，老师对这个“学生”也十分敬爱。

有一次，齐白石到朋友家作客。客厅内宾朋云集，皆是社会上之名流。齐白石较之这些人自觉寒酸，不引人注目。正在这时，主人上前恭迎梅兰芳，人们也蜂拥而上，一一同他握手。可是，梅兰芳已知齐白石也在赴宴，他四下环顾，寻找老师，亲切地问：“难道齐白石先生没来?”当他看到被冷落到一旁的齐白石老人时，立即让开别人一一伸过来的手，挤出人群，向老画家恭恭敬敬地叫了一声“老师”，和他寒暄问安……

在座的人见状，都很惊讶。齐白石也深受感动。隔了几天，他特向梅兰芳馈赠《雪中送炭》一画，并题诗道：记得前朝享太平，布衣尊贵动公卿，如今沦落长安市，幸有梅郎识姓名。

沈从文知错就改

> 今人有过，不喜人规，如护疾而忌医，宁灭其身而无悟也。
>
> ——周敦颐

沈从文是我国现代著名作家，他出生在湖南省凤凰县的一个农户家庭。小时候，沈从文特别喜欢看木偶戏，常常因为看戏入迷而耽误了读书。

有一天上午，沈从文从课堂里溜出来，一个人跑到村子里去看戏，那天木偶戏演的是“孙悟空过火焰山”。沈从文看得眉飞色舞，捧腹大笑。一直看到太阳落山，他才恋恋不舍地回到学校。这时，同学都已放学回家了。

第二天，沈从文刚进校门，老师就严厉地责问他为什么旷课。他羞红着脸，支支吾吾地答不上来。老师气得罚他跪在树下，并大声训斥道："你看，这楠木树天天往上长，而你却偏偏不思上进，甘愿做一个没出息的矮子。"第二天，老师又把他叫去，对他说："大家都在用功读书，你却偷偷溜去看戏。昨天我虽然羞辱了你，可这也是为了你好。一个人只有尊重自己，才能得到别人的尊重。"老师的一番话，使沈从文感动得流下了眼泪。他暗暗发誓，一定要记住这次教训，做一个受人尊重的人。此后，沈从文一直严格要求自己，长大后成了著名的作家。

福克斯的父亲改错

> 过于前者，不复于后。
>
> ——朱熹

英国有位著名的政治家叫福克斯，他在政界办事言而有信，有很好的美誉。

18世纪，福克斯还是一个孩子，福克斯家的花园有一座旧亭子，他的父亲想将其拆除，并在较为开阔处另建一座。小福克斯从住宿学校回家度假，正巧赶上工人在拆迁亭子。孩子当然很想亲眼看一看亭子是怎样拆除的，所以他打算迟些天返校。父亲却要他准时到校上课，为此父子间颇有嫌隙。他的母亲如同大多数母亲那样，在旁替小福克斯说情，末了，父亲答应将亭子的拆迁推迟到来年假期。于是小福克斯就离家返校了。

儿子一走，他就让人把亭子拆了，在另一处盖了一座新的。谁想到儿子却一直把亭子这件事记在心头。假期又到了，小福克斯一回家，就朝旧亭子走去。早餐时，他闷闷不乐地对父亲说："你说话不算数！"年迈的英国绅士听后大为震惊，严肃地说：“孩子，你说得对，我错了，我就改。言而有信比财富更重要。纵有万贯家产也不能抵消食言给心灵带来的污点。”说罢，父亲即让人在原地盖起了一座亭子，再当着孩子的面将其拆除……

华盛顿诚实认错

自我批评对于任何一个富有朝气、生气勃勃的政党都是绝对必要的。再没有比沾沾自喜的乐观主义更庸俗的了。

——列宁

华盛顿是美国第一任总统，美国的首都就是以他的名字命名的。

华盛顿从小就严格要求自己，是个诚实的孩子。

一天中午，华盛顿的爸爸从外面回来，带回一把精致的小斧子。爸爸随手将斧子放在门边，就去做自己的事了。

正巧，小华盛顿看到了这把小斧子，斧刃闪闪发光，斧把光滑合手。他拿在手里越看越喜欢，心想：这么亮的斧子究竟快不快呢？他很想试一试。于是，便带上这把小斧子飞快地跑到后院的植物园里。

小华盛顿选中了一棵细小的樱桃树，学着大人砍树的样子，举起斧子，用力砍了下去。只听“咔嚓”一声，小树立刻被拦腰砍断了。

小华盛顿高兴得又蹦又跳，连声称赞：“这小斧子，太锋利了……”忽然他看到了地上的树叶，心里不禁一哆嗦：“坏了，这不是爸爸最喜欢的樱桃树吗？”他连忙拣起砍断的树枝，与树干对上茬，又用绳子小心翼翼地绑好，心中祝愿着：“小樱桃树，你一定要长上活好。”

小华盛顿知道自己闯了祸，就赶紧跑回家，悄悄地把斧子放到了原来的地方，躲在自己小书房里，忐忑不安地捧起一本书，假装读起来。

几个小时后，爸爸回来了。当他经过植物园时，一眼就看见他最心爱的樱桃树被砍断了。这可是他从远方选来的新品种，好不容易移到这里，正在好好地生长，怎么被人砍断了呢？爸爸顿时大发雷霆。回到家里，他把仆人和园丁都叫到面前训斥了一顿，并要把砍树的人追查出来。仆人和园丁吓得心惊肉跳，连连申辩道："庄主，这棵树真的不是我们砍倒的……"

一直躲在书房的小华盛顿看到这情景，心想：如果我不承认是我砍倒的小樱桃树，万一错怪了别人，那多不好啊！他连忙站起身，快步走出来。可是刚走到书房门口，又停住了脚步，他转念一想：如果我承认了，爸爸一定会责备我的，说不定还要打我呢。

怎么办呢？他坐在床边犹豫了，难道就让仆人和园丁因我受冤枉吗？不，不能！小华盛顿终于大胆地走到爸爸面前，低着头，红着脸，惭愧地说："爸爸，别再追查了，树是我砍的，我错了，您就处罚我吧！"并向爸爸说明了砍树的经过。

爸爸沉思了好一会儿，忽然转怒为喜，他把小华盛顿搂在怀里，用手抚摸着他的头，意味深长地说："孩子，我为你的诚实而高兴，你能勇敢地承认错误，做一个正直的人，比我的一百棵樱桃树宝贵得多，因为诚实比什么都重要！"

小华盛顿把爸爸的这些话牢牢记在心上——做人首先要诚实。

林肯请求原谅

> 一认过则两过都无，一不认则两过不免。
>
> ——吕坤

美国南北战争初期北军的失败，给林肯带来了极大的烦恼。

这天，有一位养伤的团长直接向总统恳求准假，因为他的妻子遇难，生命垂危。

林肯听后，厉声斥责他："难道你不知道现在是什么时期吗？苦难和死亡压迫着我们，家庭的感情在和平的时候会使人快活，但现在它没有任何余地了！"

团长失望地会回旅馆去休息。

翌日清晨，天还没亮，忽然有人叩房门，团长开门一看，却是总统本人。

林肯握住团长的手说："亲爱的团长，我昨晚太粗鲁了。对那些献身国家，特别是有困难的人，不应该这样做。我一夜懊悔，不能入睡，现在请你原谅。"

林肯替他向陆军部请了假，并亲自派车送那位团长到码头。

马克思与恩格斯冰释前嫌

> 过也，人皆见之；更也，人皆仰之。
>
> ——《论语》

1863年1月8日，恩格斯怀着十分悲痛的心情，把妻子病逝的消息，写信告诉马克思。

过了两天，他收到了马克思的回信。信的开头写道："关于玛丽的噩耗使我感到极为意外，也极为震惊。"接着，笔锋一转，就说自己陷于怎样的困境。往后，也没有什么安慰的话。

"太不像话了！这么冷冰冰的态度，哪像二十年的老朋友！"恩格斯看完信，越想越生气。过了几天，他给马克思去了一封信，发了一通火，最后干脆写上："那就听便吧！"

"二十年的友谊发生裂痕！"看了恩格斯的信，马克思的心里像压了一块大石头那样沉重。他感到自己写那封信是个大错，而现在又不是马上能解释得清楚的时候。过了十天，他想老朋友"冷静"一些了，就写信认了错，解释了情况，表白了自己的心情。

坦率和真诚，使友谊的裂痕弥合了，疙瘩解开了。恩格斯在接到马克思来信之后，以欢快的心情立即回了信。他在信中说："你最近的这封信已经把前一封信所留下的印象清除了，而且我感到高兴的是，我没有在失去玛丽的同时再失去自己最老的和最好的朋友。"

盖达尔诚实报告真相

> 我们需要自我批评，就像需要日光、空气和水一样。
>
> ——斯大林

俄国十月革命后，为了粉碎白匪的叛乱阴谋，红军游击队派老共产党员丘蒲克和十四岁的小战士盖达尔前往敌人后方执行任务。

一路上，丘蒲克总是无微不至地照顾小盖达尔。这天，天刚刚亮，盖达尔醒来，揉了揉眼睛，见丘蒲克仍在站岗，就说："大叔，您又是一夜没合眼了，您快去睡吧，我来放哨！"

丘蒲克已经好几天没睡觉，实在是太疲劳了，就说："好吧，一定要注意敌情，别走开。"说完，就躺倒在地呼呼地睡着了。

盖达尔趴在草丛中，警惕地注意着周围的情况，过了好久也没有发现任何可疑的迹象。中午很热，太阳高悬在头顶，一丝风也没有，真难熬啊！他瞧瞧自己浑身的汗水和泥尘，心想：这会儿不会有白匪的，要是到那边小河里洗个澡，该有多舒服啊！

他看了看熟睡的丘蒲克，又观察了一下四周，见没有任何情况，于是站起身，急忙跑到不远处的小河里洗了个澡。

当小盖达尔爬上岸刚穿好衣服，忽然传来一声喊叫："哈哈，你跑不了了。"唉呀！敌人摸上来了，我得赶快去救大叔！他刚跑了两步，只听"砰砰砰"一阵枪声，丘蒲克倒下了。

"大叔！"盖达尔大喊一声，泪水夺眶而出，此刻白匪发现了盖达尔，一拥而上抓住了他。白匪恶狠狠地问："小孩儿，你是干什么的？为什么在这里？"

盖达尔怒视着白匪，不说一句话。白匪头子说："给我搜！"敌人七手八脚地搜起来，从他身上搜出了一张白军军校的身份证，这是出发前，队长交给盖达尔作掩护用的。"噢，自己人，你是从红军那儿逃出来的吧？滚吧！"

盖达尔寻着路，向游击队营地走去。一路上他想着丘蒲克大叔的惨死，悔恨极了。

他想：大叔一再叮嘱我要警惕，我却疏忽大意，不但上级交给的任务没完成，连大叔也牺牲了。我可怎么办呢？回到游击队可怎么向队长汇报呢？如果把事实真相说出来。队长以后还会信任我吗？游击队的战友们会原谅我吗？也许我会被开除的，再也不能留在游击队里了。隐瞒真实情况吗？他想："不，我一定要做一名诚实的游击队战士，把这里发生的一切，毫不隐瞒地报告队长。让游击队作好战斗准备，消灭白匪，为大叔报仇！"

盖达尔回到游击队营地后，向队长和战友们详详细细汇报了事情的经过，认真检讨了自己的错误。

大家都为失去丘蒲克而万分沉痛，过了好一会儿，队长转向盖达尔严肃地说："你的错误是严重的，可是已经牺牲的人是活不过来了。你应该永远记住这个血的教训，要像丘蒲克那样去生活，去战斗！"

由于盖达尔诚实地报告了所发生的一切，游击队提早做好了战斗准备，成功地歼灭了这股白匪。后来盖达尔在战斗中屡建功勋，成长为一名红军指挥员。国内战争结束后，他成了一名作家，又坦率地向读者讲述自己十四岁时那段难忘的经历，人们都称赞他不向组织隐瞒事实真相的诚实态度。

阿普顿尊重爱迪生

除了我自己以外，我能够宽恕所有人的过错。

——加图

阿普顿是美国普林斯顿大学的高才生，毕业后被安排在当时已经成为科学界著名的发明家爱迪生身边工作。

爱迪生出身贫寒，小时候以卖报为生，他是靠自学登上了科学殿堂的。而阿普顿出身名门，又是著名高等学校的佼佼者，由于受当时门第观念的影响很重，对被安排在爱迪生身边工作很不以为然，有时还对自己的老师表现出一种傲慢蔑视的神态。

有一次，爱迪生在一项实验研究中，需要一个数据，就对阿普顿说："请你帮助我把那只梨形玻璃器皿的容积算一下，我等着用这个数据。"

阿普顿点点头答应了，他想：这么简单的事，一会儿就可以算出来了。他不加思索地拿起尺子，把梨形玻璃瓶上下量了几遍，然后按照尺寸画出了器皿的草图，又列出了算式，开始计算。谁知算来算去，一连换了许多计算方法，时间过去了两个多钟头，还是没有算出来。这个当初他看起来很简单的问题，竟然把他难住了，他急得满头大汗，狼狈不堪。

爱迪生在实验室里等久了，仍不见阿普顿把数据送过来，心中十分纳闷，便走到阿普顿的工作间，只见他正对着桌子上几张纸上的密密麻麻的算式发愁。爱迪生拍拍阿普顿的肩膀，微笑着对他说："你这种计算方法太浪费时间了。"

阿普顿不悦地说："不这样算，您说该怎么算呢？"

爱迪生拿起了梨形玻璃瓶，把它装满了水，然后递给阿普顿，说："你把这瓶中的水倒进量杯中去，看看它的体积刻度，那就是我们所需要的数据。"

阿普顿茅塞顿开，没想到他自己耗尽脑汁花了两个多钟头也没有算出的数据，却让这位平时自己看不起的老师几分钟就解决了。他满脸通红，十分难为情，默不作声地按照老师的要求去做了。

从这件事以后，阿普顿受到了深刻的教育，彻底地改变了自己的门第观念，从不尊重老师，转变为敬佩和爱戴自己的老师。在后来与爱迪生一起工作的日日夜夜里，阿普顿在老师渊博的学识和求实的治学态度的熏陶下，学业有了很大的进步，成了爱迪生的好学生和好助手。

改错纳谏

齐桓公纳谏

> 不贵于无过，而贵于能改过。
>
> ——王守仁

管仲和鲍叔牙生活在春秋时期的齐国。他们后来都在齐国做了大官，管仲还担任了齐国的相国，辅佐齐桓公称了霸，做出了一番大事业。

管仲和鲍叔牙从年轻时就是一对最要好的朋友。他们互相了解，互相敬重，彼此信任达到了心心相印的程度。

公元前698年，齐国国内出了事，当时齐国的国君齐僖公死了。王位传给了大公子诸儿，诸儿即位当了国君，就是齐襄公。齐襄公是个心胸狭窄、非常残暴的人。他手下的文武大臣，经常遭到无辜的杀身之祸。就连他的两个亲兄弟——公子纠和公子小白，也怕遭到哥哥的暗算，急忙逃离了齐国。公子纠逃到了鲁国，公子小白逃到了莒国。当时，管仲和鲍叔牙分别在公子纠和公子小白身边做事，管仲做公子纠的师傅，鲍叔牙做公子小白的师傅，此时也分别跟着公子纠和公子小白逃到鲁国和莒国避难去了。

齐襄公的国君没有当长，才几年功夫，他就给人杀了。齐国顿时大乱，齐襄公又没有儿子。他死了，该由谁来继承王位呢？国不可一日无君，几个大臣商议，要从齐襄公的两个弟弟中挑选一个来继承君位。可是，该挑选谁呢？有的大臣认为，公子小白聪明，有治国的才能，应该让小白继承君位。有的大臣又认为，公子纠年长，应该让他继承君位才名正言顺。争论来争论去，后一种意见占了上风。大臣们就决定，派人到鲁国去接公子纠回国即位。

为了帮助公子纠即位，管仲亲自带人去刺杀公子小白。管仲一见公子小白，他边往后退边拿起弓箭，猛然一个转身，对准公子小白"嗖"地就是一箭。只见公子小白惨叫一声，应声倒在车里。鲍叔牙赶紧去救，公子小白躺在车里，口吐鲜血，紧闭双眼。大家一看公子小白被射死了，都哭了起来。

谁知公子小白并没有死。管仲这一箭，恰巧射中了他的衣带钩。他深知管仲的武艺高强，担心再来第二箭，便咬破舌头，躺在车上装死。这时听听管仲走远了，他才爬起身来。鲍叔牙和大伙一看，公子小白并没有死，都很高兴，立即催促人马加快速度往齐国的都城临淄赶。

就在公子纠在管仲和鲁国士兵在护送下慢慢往鲁国走的时候，公子小白已经赶到了齐国的都城临淄。在鲍叔牙和大伙的拥戴下，当了齐国的国君。他就是春秋时期率先称霸的齐桓公。齐桓公即位后，第一件事就是打发人通知鲁国，告诉鲁国齐国已有了新的国君，叫他们就不要送公子纠来了。鲁庄公当然不愿意。这时鲁国的人马已经到了齐国的地界了，就同齐国军队打了起来。可是齐国强鲁国弱，鲁国打了败仗。鲁庄公又从国内增调军队同齐国较量。结果鲁国又大败，不但公子纠送不到齐国去，反倒还丢失了鲁国的一大块国土。公子纠和管仲只好又返回了鲁国。

公子小白做了齐国国君后，非常感激他的师傅鲍叔牙的大恩大德，就准备拜他做齐国的相国。他把这个想法告诉了鲍叔牙，但鲍叔牙却不同意。他对齐桓公说："相国一职，关系到国家的安危，主公事业的成败。我自知自己的能力难以承担，应该选择更有才能的人来担任。"

齐桓公不解地问："齐国还有比你更好的人吗？"

"当然有。"鲍叔牙肯定地说，"我现在就可以向主公推荐一个人，只不过他现在不在齐国罢了。"

"谁？"齐桓公问。鲍叔牙略停了一停，回答："就是管仲。"

"管仲！"齐桓公顿时变了脸色，气乎乎地说，"他差点射死我，我还没有报这一箭之仇，你倒叫我重用他？"说完，把头扭到了一边。

"主公息怒。"鲍叔牙站起身来，不慌不忙向齐桓公作了一个揖，"主公，向您推荐管仲，这是我思考已久的事。我之所以冒着惹您生气的危险向您推荐管仲，其原因有三：第一，管仲射您之时，他的主人是公子纠。正是平时所说的'各为其主'，他自然要为公子纠做事。这正是他忠于职守，有勇有谋的表现啊。第二，我同管仲有深交，我非常了解他的才能强我十倍。如果主公只是想安保天下，平稳度过一生，那么我虽不才，也还勉强应付。但主公想的却是富国强兵，实现称霸中原的宏图伟业。这样，如果没有管仲这样的人辅佐，那是万万不行的。这也就是我为主公焦虑的一件事。"

说到这里，鲍叔牙停了一停，他看到桓公的脸色已平和了许多，又接着说："第三，我深知主公是一个器重贤才、深明大义的人，我相信主公一定会接受我说的道理。"　"嘿，你这么自信。"桓公真的给说动了。他问："管仲现在还在鲁国，怎么能让他来呢？""主公放心，我早已有考虑，只要主公下令，我就设法将管仲召来。""好吧。"鲍叔牙接受了齐桓公的命令，立即以齐桓公的名义给鲁庄公写了一封信，派得力的使者送到鲁国。临走，鲍叔牙又如此这般地对使者作了一番交代。然后，鲍叔牙又向鲁国边境调动了军队。

使者到了鲁国，把信交给了鲁庄公。鲁庄公一看信，原来是要他杀死公子纠，交出管仲，双方和好。否则，齐国的大军将马上进攻鲁国。

鲁庄公同手下的谋士商议，说什么也不愿意。但又听到齐国大兵压境的消息，实在没有办法，只好忍痛逼死了公子纠，囚禁了管仲。这时，鲁国的谋士施伯说："管仲是天下的奇才，如果让他到了齐国去辅佐齐桓公，那对我们非常不利。不如杀死他，把他的尸首送回去吧。”

鲍叔牙的使者立即说：“那可不行，他射杀过我们的主公，是我们主公的仇人。临来时主公专门交待我们：一定要把管仲活着带来，他要亲自报仇。”鲁庄公一听，只好把管仲装上了囚车，连同公子纠的人头，一并交给了齐国的使者，让他押回齐国去。

鲍叔牙亲自来到齐国的边城迎接管仲。他替管仲松了绑，把他扶上自己的车子。两人坐着一辆车回到都城临淄。接着，鲍叔牙又带管仲晋见了齐桓公。齐桓公果然是个心胸豁达不计前嫌的人。他完全听从了师傅鲍叔牙的话，不但没治管仲的罪，还拜管仲做了齐国的相国。而鲍叔牙自己呢，反倒做了管仲的副手。后来，管仲辅佐齐桓公九次以盟主的身份邀请各国诸侯开会，完成了霸主的伟业，成了齐国历史上有名的贤相。

齐桓公求贤

> 人告知以有过，则喜。
>
> ——《孟子》

齐桓公是春秋时期第一个霸主，为了能得到天下贤士的帮助，他朝思暮想，费尽心机。

一天夜晚，齐桓公夜不能寐，他起身踱步到庭院，这时，一队武士举着火把巡逻，就如一条火龙在夜幕中游动。火光，叩开了他的心扉。

第二天上朝，齐桓公向文武百官宣布了自己想出来的招纳贤士的好办法。他命令在宫廷前燃烧巨大明亮的火炬，表示准备日夜接见各地前来投奔的贤能之士。

没想到事与愿违，整整过了一年时间，没有一个人来求见，齐桓公很苦恼。一天，一个乡下人大摇大摆来到王宫前，自称是贤人求见。

齐桓公不敢怠慢，立即传令接见。没想到，是一位衣冠不整、黄瘦干瘪的乡下佬，齐桓公有些失望，但是仍然恭恭敬敬地问："先生有何见教?"

乡下佬拍拍自己的胸脯，故意挑起大拇指说："我会念'小九九'算术口诀!"齐桓公觉得又好气又好笑，戏谑地问道："先生难道不知道会'小九九'口诀，乃是末流小技？也配称为贤才来见国君吗?"

乡下佬一本正经，严肃地说："国君，您的过错就在这里!"

随即乡下佬就侃侃而谈："我听说宫前求贤的火炬点燃了一年，没有人登门求见。这是因为主上是贤能的君主，各地贤能之士都觉得不如您高明，所以都不敢前来。我会'小九九'这是微不足道的。对我这个只会念'小九九'的人，您如能以礼待我，还愁有本事的人不来吗?

农夫的一席话，说得齐桓公连连点头称是。于是，他以隆重的礼节接待了这个乡下佬，并给他以优厚的待遇。

这件事很快就传开了，不出一个月，四方贤士络绎不绝，纷至沓来。

晏子巧改坏风气

> 予其惩而，毖后患。
>
> ——《诗经》

春秋时候的齐灵公有个怪僻，喜欢让宫中女子身着男装。只要有个宫中女子穿上男服在他面前走一走，他就高兴得合不上嘴，一遍又一遍地夸奖这女子潇洒、健壮、大方、漂亮。这么一来，他的妃嫔和宫女都一个个地打扮得和男子一模一样。她们觉得这是讨好齐灵公的好办法。

宫中女子作出表率，都城临淄的女子就纷起效仿。到后来齐国的妇女上至七十老妪，下至三岁女童都穿起了男装。弄得全国上下男女不辨，不伦不类，简直不成体统。

对于这种坏风气，朝中大臣议论纷纷。觉得如果不及时制止，传扬出去必然会遭到周边各诸侯国的耻笑。齐灵公也认为，这么发展下去人不象话了。于是立即下令禁止各地妇女穿男人的服装。

齐灵公的命令发出后，很少有人理睬。各地妇女仍然足穿着男装出入于街头巷尾。齐灵公发怒了。他制定了一条更严苛的法律，规定今后遇见身着男装的女人，可以当场撕裂她的衣服，割断她的衣带。

齐灵公以为，这么一来大家就会依法办事。可是事实上，街上身着男装的女人并未减少。显然，只靠命令和法律，还制不住坏风气的蔓延。

这可怎么办呀？齐灵公正愁无计可施，忽见晏子进宫办事。齐灵公知道晏子足智多谋，便向他请教改变坏风气的办法。

齐灵公说："近来国内女子崇尚女扮男装，我几次下令禁止，还采取了法律措施，可是收效甚微。不知这是什么原因？"

晏子回答说："这原因十分简单。您想，您下令禁止宫外女子穿男服，却鼓励和纵容宫中女子打扮成男人模样。您在宫中提倡女扮男装，宫外当然会起而效法。您自己不以身作则，怎么能让别人服从您的命令呢？假如您真正有决心改变女扮男装的坏风气，就应该首先严禁宫内女子穿男服。只要宫内改变了坏风气，也就容易在全国推行禁令了。"

齐灵公听了晏子的话猛然醒悟。他很高兴地对晏子说："对，对，你的话很有道理。我一定接受你的建议。"

当天，齐灵公就下令：从今以后，宫内女子，无论是妃嫔还是宫女，一律不准再穿男装。如果有人违犯，一定从重惩办。

此令一出，宫内女子再也无人敢穿男装。不到一个月，齐国各地的妇女也没有人再穿男装了。

楚王改错

过之所始，多因忽小。

——刘昼

晏子是春秋时期齐国的大夫，是齐国上大夫晏弱之子。以生活节俭，谦恭下士著称。据说晏子身材不高，其貌不扬。

有一次，齐景公派晏子出使楚国。楚灵王见他身材矮小，就想羞辱他一番，于是在城门边开了个小门让晏子进去。晏子不进去，说："到狗国出使的人，从狗洞进去。现在我是出使楚国，不应当从这个狗洞进去。"楚国迎宾的人只好让晏子从大门进去。

到了朝廷后，楚灵王当着自己大臣的面故意大声问："难道堂堂的齐国就没有人了吗？让你来出使？"晏子心里知道他是在刁难自己，就故意回答说："我们国家人丁兴旺，每人挥挥袖子就能遮住太阳，每人挥挥脸上的汗水就像下雨一样，人来人往，摩肩接踵，你怎么能说我们齐国没有人呢？"楚灵王以为他中计了，又问："既然这样，那为什么派你这么矮的人出使啊？"晏子却不慌不忙地回答："我们齐国派使者有个规矩，品德高尚的人出使名声好的国家，而品德低下的人就出使名声不好的国家。我个矮而且品德最不好，所以楚王就应该派我到你的国家来啦！"

楚王十分羞愧，马上恭恭敬敬地对待晏子。晏子以自己的聪明才智维护了齐国的尊严。

秦昭王用范雎

改过不吝，从善如流。

——苏轼

秦昭王是秦国历史上在位最长的国君。他是秦始皇的曾祖父，是秦始皇统一中国建立秦朝前最后一个重要的君王。他在位的时候，秦国的国力强盛，军事强大，多次打败诸侯国的军队。其中长平一战，打败了当时诸侯国中武力较强的赵国，一夜之间活埋了40万赵兵，威震天下，为后来秦灭六国、统一天下的大业奠定了坚实的基础。

但是，秦昭王虽然在位长达50多年，却有30多年是处于傀儡（受人操纵的人）的地位，身为君王，手中却没有实权，一事无成。后来是靠着重用了一个别国的贤才范雎，才将整个局面扭转过来。这个贤才就是范雎。

范雎是魏国人，很有才学，但在魏国很不得志。早先，他投在魏国大夫须贾门下做个门客。

范雎逃到秦国的时候，秦国正是秦昭王执政，担任秦相国的是穰侯魏冉。这魏冉是秦昭王的母亲宣太后的同母兄弟，也就是昭王的舅父。他仗着宣太后的势力，在秦国横行霸道，说一不二，谁也不敢惹。他聚敛财富，搜刮百姓，甚至还想利用国家的军队去扩大自己的封地。由于有着宣太后撑腰，他也不把昭王放在眼里，很多事情，他根本不向昭王报告，直接同宣太后说说就决定了。秦昭王多次想除掉魏冉，但又碍于自己亲生母亲的面子，不知如何是好。

范雎到了秦国后，很快就了解了这些情况。有一天，他在街上走。听到街上人们议论纷纷，说相国魏冉要率军去攻打齐国的刚寿。范雎觉得奇怪，秦国距离齐国很远，中间还隔着韩国和魏国等国家，怎么会跑到那么远的地方去打仗？他也挤进人群中去询问。有人对他说："你怎么不知道？齐国离秦国远，但刚寿这地方同相国的封地陶邑却靠近啊，打下了刚寿，相国的封地不就扩大了吗，这是明摆着的事。"范雎悄声问："那这种相国自己谋私利的事秦王能同意？"那人见范雎这样问，便同范雎眨了眨眼睛，说："你是外地来的吧，你不知道我们秦国的事都是相国和太后说了算？"

范雎听了以后，觉得进谏秦王的机会到来了。他回到客馆（旅店），已想好一个进谏秦王的方案。当晚就给秦昭王写了一封信，说自己是一个魏国的士人，有极其重要的话要奉告。

秦昭王见了信，就定下日子约他进宫面谈。

到了约定的日子，范雎来到了秦宫。刚进了宫就碰上秦昭王坐着车过来了。他也不躲避，仍旧大模大样地迎着走上去。左右的人都叫他走开，叫道："大王来了，快躲避！"范雎回答："什么？秦国还有大王吗？"左右的人看看他不回避，就上前来拦住他。正在争吵时，秦昭王来到了面前。范雎大声说："我听说秦国只有太后和穰侯，哪里有大王啊！"昭王一听，正触到他的痛处，心想，此人一定有良策告诉我，就急忙下车，把范雎请到车上，一起进了宫。

秦昭王同范雎来到宫中，对范雎说："寡人孤陋寡闻。"不料范雎拱手说："臣下并非秦国人，同大王也非亲非故，但我要谈的，却是大王骨肉之间的事，不知大王愿听吗？"

昭王听了，立即斥退了左右侍从，恭恭敬敬地对范雎说："先生请讲，不必顾虑。我是仰慕先生的大才，诚恳地向先生请教，不管大事小事，上至太后，下至大臣，请先生尽管直说，我没有不愿意听的。"

范雎说："大王能这样倾听臣下的意见，那我就坦率地谈谈我的看法。如今天下大乱、诸侯分争，只剩下了七个国家，比较起来，最强大的就是秦国了。秦国沃野千里，甲士百万，雄据四塞之固，进则能攻，退则能守，这可是兼并诸侯，统一天下的有利条件，也是秦国几代国君的愿望。可是，有着那么好的条件，秦国却几十年没有发展，这都是因为没有一个正确的稳定的政策，没有个从战略上长远的打算。一会儿跟这个诸侯打仗，一会儿跟那个诸侯打仗。听说最近大王又上了相国的当，要发兵攻打齐国，有这回事吗？”

昭王没有言语，停了一会儿，问：“攻打齐国有什么不对吗？”

范雎说：“坦率地说，这除了对相国个人有利外，从国家利益来说是最忌讳的。您想，齐国离秦国有多远，中间还隔着两个国家。要是兵马出得少了，打不败齐国；要是兵马出得多了，国家的耗费可就大了，国内还可能出乱子。再说，即使把齐国打败了，您又怎么能把齐国同秦国连起来，以后怎么去管理？当初魏国越过赵国把中山国打败了，后来中山国倒给赵国兼并了。这还不是因为赵国离中山近，而魏国离中山远的缘故。依我看，大王不如改变做法，来一个‘远交近攻’！”

昭王问：“什么叫‘远交近攻’呢？”

范雎说：“‘远交’，是说对离得远的国家，先同人家交好，订立盟约，谁也不干涉谁。这样，大王就减少了敌对的国家。‘近攻’，是说对离得近的国家采取积极进攻的策略。这样打下一寸就是一寸，打下一尺就是一尺。先打韩、魏，再打燕、赵，最后打齐、楚。大王只要坚定地实行这一条计策，用不了多久，就能兼并六国，统一天下。”

昭王听了，连连点头，说：“先生说有道理，有道理。”

范雎继续说：“这是其一，是对外的策略；其二，是对内的策略，这是实现对外策略的基础。现在，太后和穰侯的权太重，尤其是穰侯，根本不把大王放在眼里。这不是挑拨您和穰侯关系的话，‘秦国不知有王只知有穰侯’，这是街上的百姓天天在议论的事情。这怎么能行呢？大王手中没有实权，一切都是空话。大王只有下定决心，削去穰侯和太后的权势，才能实现大计，完成大业。这是万万不能犹豫的啊！”昭王连声说：“先生说得对，先生说得对！寡人从此以后就听先生的。”

当即，秦昭王就拜范雎为客卿，按照范雎的计策，下令把攻打齐国的兵马撤了回来，并且改变策略，让军队做好攻打魏国和韩国的准备。

从此，秦昭王对范雎非常信任，每天都向范雎请教，几乎到了言听计从的地步。在范雎的策划下，公元前266年，秦昭王收掉了穰侯的相印，把他赶到陶邑去。紧跟着，又废除了宣太后，把秦国的大权夺了回来。然后，昭王拜范雎做了秦国的相国，还将应城（今河南省鲁山县）封给了他，人们就称范雎为应侯。由于秦照王重用了范雎，彻底改变了秦国的局面，昭王也从一个软弱无能的君王变成了一个大有作为的君王。后来，他推行范雎"远交近攻"的策略，夺取了邻国大片的土地，秦国的力量更强大了。

触詟谏赵太后

过而能改方无过。

——洪秀全

战国时期，赵国的赵太后新执政，秦国进攻赵国，占领了三个城邑。赵国派人向齐国求救。齐国人说："必须拿长安君做人质，才能出兵。"

长安君是赵太后最喜爱的儿子，她不肯送他去做人质。齐国军队见赵太后不同意，便也不出兵，情况很紧急。大臣们全力规劝太后答应齐国出救兵的条件。太后非常生气，她明确地跟左右近臣说："有再说让长安君做人质的人，老太太我一定把唾沫啐到他的脸上。"

左师触詟请求拜见太后。太后非常气愤，猜想他一定也是来劝她送儿子做人质的。太后怒气冲冲地等着他来。

触詟进来以后，慢慢小跑着走近太后，到了跟前，谢罪说："老臣的脚有病，不能快走，已经好久没见到您了，我私下里原谅了自己。可是我担心太后腰腿有什么不合适，所以愿意来看望太后。"

太后说："我依仗着辇车走路。"

触詟说："吃东西也许没有减少吧？"

太后说："靠吃粥罢了。"

这时候，太后不愉快的脸色稍稍解除了些。

触詟说："老臣近来特别不想吃东西，于是强迫自己走路，每天走三四里，就稍稍增加了食欲，身体感到舒服些。"

他又说："老臣有个儿子叫舒祺，最小，没有出息，可是我日益衰老了，非常爱怜他，希望得到太后的同意，让他当一个王宫的卫士，以便保卫王宫。我冒着死罪把这个请求说给太后听。"

太后说："可以吧，孩子今年几岁了？"

触詟说："十五岁了，年纪虽然小，我愿意趁自己还没有死，把儿子的事托付给太后。"

太后说："男子也疼爱自己的小儿子吗？"

触詟说："爱得比妇人还厉害。"

太后笑着说："还是妇女疼爱得厉害。"

触詟说："老臣私下里认为您爱燕后（赵太后的女儿）胜过爱长安君啊。"太后说："你说得不对啊，我爱燕后比爱长安君差得远呢。"

触詟说："父母爱儿女，就要为他们考虑得深远。您送燕后出嫁的时候，攀在她的车子后边哭泣，为她远嫁异国感到伤心，您舍不得她走。走了之后，您无时不想她，总是惦记她，祭祀的时候一定为她祷告。难道这不是为她长远打算，希望她有子孙世世代代继承王位吗？"

太后说："是这样。"

触詟说："从现在推到三世以前，赵国刚成为诸侯国时，赵国每一代国君的子孙，凡受封为侯的，他们的后嗣还有为侯的吗？"

太后说："没有。"

触詟说："不仅是赵国，就是其他诸侯子弟受封的，还有存在的吗？"

太后说："我也没有听说过还有存在的。"

触詟说："是这样，时间近点的，祸临到本人身上，时间远点的，祸临到子孙身上。难道说国君的儿子一当侯就不好了吗？问题在于，他们地位尊贵而没有功勋，俸禄优厚而没有劳绩，却拥有大量贵重的宝物。于是，他们终不免得祸，以至于亡身绝嗣。现在您给长安君尊显的地位，又封给他肥美的土地，给予他贵重的宝物，而不让他趁现在为国立功。这样一旦您离开人世，长安君怎么在赵国立足呢？老臣认为您为长安君考虑得太短浅了，因此，我认为您爱长安君不如爱燕后。”

太后听了这番话以后，觉得很有道理，对触詟说：“好吧，那就听凭你的安排吧！”

于是，为长安君备了一百辆车去齐国做人质。齐国军队这才出兵救赵，打退了秦国的军队。

魏惠王认错求贤

> 过虽在人如在己，不忘自讼。
>
> ——《张载集》

魏惠王，战国时魏国国君（后称梁惠成王）。姬姓，魏氏，名罃，魏武侯子。与公子缓（魏缓）争立成功。

有那么一阵子，魏惠王老是打败仗，他的上将庞涓让齐国的孙膑用乱箭射死在马陵道上，他自己的儿子也被秦国的商鞅俘虏去了。

魏惠王心里很难过，想当年魏国有多威风，周围的齐、秦、赵、韩几国谁也不敢小看它。可现在，不但要向人家上贡求和，连国土都被人家抢去了一大片。不行，我一定要重振旗鼓，恢复昔日的威风！可是，要想富国强兵，该从哪一步开始呢？

大臣们听了惠王的想法，纷纷提出了各自的意见和建议。其中一位大臣的意见最让惠王受到震动，他说："当年，商鞅在咱们魏国做官，大家都劝您重用他。可您就是不信，结果怎么样呢？商鞅被人家秦国请去了，他帮着秦王变法革新，使秦国由弱变强，现在反倒来欺负咱们。后来，您又听信庞涓的话，把孙膑这么个天下奇才害成残废。到头来，孙膑也帮着齐国打咱们。我看，您要富国强兵，首先要善于识别任用贤良的人才。"

一席话说得惠王满面羞惭，他说："寡人知错了，国家弄到这一步，都是由于我贤愚不分，黑白混淆所造成的啊！好吧，从今日起，寡人要洗心革面，礼贤下士，希望大家多多推荐贤才。"

从此，魏国的大臣奔走于各国，用最谦卑的口气，最厚重的聘礼邀请天下的人才到魏国来。像邹衍、孟轲等人就都是这样被请去的。他们到了魏国，与惠王倾心交谈，真心地指出魏国的缺点，讲述治天下的道理和方法，使惠王很受启发。

一天，惠王听大臣们提到，齐国的淳于髡先生正在各国游历。这位淳于（复姓）先生上通天文，下知地理，有了不起的才干，连当年的管仲、晏婴都不能和他相比。惠王一听就叫起来："他既然有如此的才干，你们为何不请他来呢？"

大臣们答道："淳于先生现在已经在给齐国效力呢。"

惠王一瞪眼睛："我们可以给他更优厚的待遇嘛！"停了一下，惠王又说："就算请他做官他不来。至少也可以请他来谈谈，给寡人指点一些治国之道呀！"

大臣们你看我，我看你，好像有点为难的样子。最后一位大臣说道："我们确实去请过淳于先生，可他就是不愿来，我们也闹不清是为什么。"

"不管怎么难，也要去请，至少也要请他到魏国来做做客。"惠王下了死命令。

魏国的大臣们费了好大劲儿，还真把淳于髡给请来了。惠王高兴极了，把淳于髡请到王宫中，摆下宴席款待他。可是，这位淳于先生坐在那里，光是吃，或者侧耳听听惠王与大臣们谈话，自己却什么都不说。就连惠王问他问题，他也哼哼哈哈地，不做正面回答。

送淳于髡去客馆休息以后，惠王心里挺生气。他把大臣们找来问道："你们都说淳于髡有管、晏之才，可我看他傻乎乎的，像个木头人，哪里像个人才的样子啊！"

大臣们赶紧说："大王可不要以最初的印象来下结论，别忘了过去对待商鞅、孙膑的教训啊。"

"对，对，寡人又差点犯错误。不过，他那个样子真叫人摸不透，难道我这样尊敬他，他还是不屑于同我谈话吗？请你们中一个人去客馆里见他，看看他到底有什么不满之处。"

一位大臣奉命而去，当天晚上就来报告说："淳于先生讲，他过去曾经找过大王两次，可大王当时都无心同他谈话，他不知道大王现在是否真心想要了解治国之道。"

惠王莫名其妙地说："没有的事啊，我什么时候见过他呢？"

大臣说："大王好好想想，过去有不少无名的隐士来投奔过您，他会不会是其中之一呢？"

"唔，让我想想，这倒是有可能。"说着，惠王就把宫里管理记事的官员找来，让他查一查。果然，查出淳于髡曾两次来见过惠王。那时，淳于髡名气不大，刚巧两次都碰上惠王正在接受别人送的礼物，根本没顾上和淳于髡讲话，所以惠王一点印象也没有。

"我当时并非有意伤害他，难道他还同寡人记仇吗？"惠王仍然有点不服气。

"大王又错了，淳于先生并非记您这点小过，他是要试试您是否真心求贤。您不如诚实地承认自己的过错，这样才能赢得天下贤才们的敬重。"大臣劝导惠王说。

次日，惠王又把淳于髡请来，并且走下宝座，向淳于髡作了一揖，说道："寡人曾两次失敬于先生，这真是寡人的大错。您第一次来，正赶上有人进献好马；第二次又遇上有人送来一位善于弹琴唱歌的乐工。我虽然叫人招待您，可心思全在名马和乐工身上，没顾上向您讨教治国的大道理。

这说明寡人将声色享乐置于治国安邦之上了。为此，得罪了先生，真是惭愧，望先生能够原谅!”

淳于髡见惠王能这样放下架子，向自己认错，觉得是和他谈论治国之道的时候了。于是，就坐下来与惠王倾心交谈起来，两人谈得十分投机，一直谈了三天三夜。

虽然淳于髡最后还是没有在魏国做官，但是魏惠王礼贤下士，勇于认错的名声却传了出去，后来就有不少有才之士慕名前来投奔他。

刘邦改过得贤臣

> 改过不吝，从善如流。
>
> ——苏轼

秦朝末年，刘邦和项羽兵分两路进军关中，楚怀王心与他们约定，先进入咸阳者为关中王。

刘邦率领大军直捣秦国国都的门户——函谷关。他途经高阳（今河南杞县西边），准备消灭驻扎在那里的秦军。

高阳有一个名叫郦食其的老头，六十多岁，酒量惊人。他很有韬略，他看到刘邦是个能成就大业的人，于是，就让在刘邦帐下当骑兵的一个乡亲引见，想见刘邦，愿为他效劳。刘邦答应了。

郦食其来到刘邦居住的驿舍，进到屋里，看见刘邦正坐在床边，让两个女子给他洗脚。

郦食其故意慢慢腾腾地走到刘邦面前，只是作揖并不拜。刘邦看见来人是个六十多岁的儒生，心里很厌烦，坐在床边纹丝不动，好像根本没看见有人给他作揖。

郦食其看到刘邦这样傲慢无礼，很生气，高声问道："足下带兵到此，不知是帮助秦国攻打起事的诸侯呢？还是帮助各诸侯讨伐暴秦？"

刘邦听他说话这样随便，明知故问，也不下拜，举止故作斯文，于是大动肝火，大骂道："你真是一个不识时务的书呆子！天下人谁没有尝过暴秦的苦头？天下的豪杰都讨伐秦，我怎么会去助秦？"

郦食其不紧不慢地说："足下如果真心讨伐暴秦，为什么见到年长的人这样无礼？您想一想，行军打仗不能蛮干，要有好的谋略，如果您对待贤人这样傲慢，那么谁还为您献计献策呢？"

刘邦听了这番话，急忙擦脚穿鞋整衣，向郦食其道歉，请他坐在上座，恭恭敬敬地说："先生有何良策，请多多指教。"

郦食其见刘邦改变了态度，虚心求教，便对他说："足下的兵马还不到一万人，就打算长驱攻入秦国的国都，这好比是驱赶着羊群扑向老虎，只能白白送命。依我看不如先去攻打陈留。陈留是个战略要地，城中积存的粮食很多，作为军粮足够，而且交通四通八达。"

这样，郦食其向刘邦献出了一条妙计。

刘邦非常高兴，请郦食其先行到陈留，然后选派一员大将领一部分精兵赶到。郦食其来到陈留，见到县令，劝他投降，县令不肯。

郦食其在酒宴上把县令灌醉了，然后偷出县衙令箭，假传县令的命令，骗开城门，把刘邦的军队放进去，砍死了县令。

第二天，刘邦的大队人马进入陈留。由于郦食其事先早已为刘邦写好了安民告示，刘邦一进城，就受到百姓的欢迎。

刘邦看到陈留果然贮有大量的粮食，十分佩服郦食其的神机妙算，于是，封他为广野君。

刘邦在陈留招兵买马，军队扩大了将近一倍，最终抢在项羽之前攻入了关中。

萧何月下追韩信

> 秦恶闻其过而亡，汉好谋能听而兴。
>
> ——薛瑄

萧何原是沛县县令手下的一个小官，他协助刘邦在沛县起兵后，就一直成了刘邦的重要参谋，后来做了刘邦的丞相。

当时，刘邦的军队驻扎在偏僻的西南角的汉中南郑，拥兵10万，处于劣势；项羽的军队驻扎在彭城，拥兵40万，势力强大。萧何认为：刘邦要想打败项羽，得到天下，首要的问题是必须找到能统兵打仗的军事人才。他四处注意寻找，找来找去，终于在军营中找到了。

他就是淮阴人韩信。

韩信自幼熟读兵书，素有建功立业的远大志向。但由于父母早亡，家境贫困，年轻时只好四处流浪，无力养活自己，靠洗衣妇的施舍过日子，还受过无赖之徒的胯下之辱。后来，他投到项羽军中做了一名军士。可是，有勇无谋、不会用人、刚愎自用的项羽没有重用他。他觉得在项羽手下干没有前途，就逃离了楚军的兵营，又投到刘邦手下。但是刘邦也没有重用他，只是给他当了个管理粮仓的小官。

一天晚上，韩信同伙伴们饮酒，不慎失火，烧掉了两个粮仓，罪当斩首。正当韩信就要受刑时，他看到监斩官是刘邦的部将滕公夏侯婴，就大声叫道："汉王不是想得到天下吗？为什么要斩壮士！"夏侯婴听到他出言不凡，便没有杀他，把他推荐给了丞相萧何。

萧何立即召见了韩信，了解了韩信的身世和志向，又同韩信进行了几次长谈。他发现韩信虽然出身低微，但具有雄才大略，熟知天下大事和兵法，是一个难得的将才。他便郑重地向刘邦作了推荐。

可是，刘邦依然没有重用韩信，只是提他做了治粟都尉，还是看在丞相萧何的面子上。治粟都尉仅仅是个负责管理粮饷的官，比他原来做的管理粮仓的官大不了多少，而且，根本没有带兵的权力，韩信真是灰心丧气。

萧何一边劝告韩信耐心地等待，再三说服他汉王只是还不了解他的才能，待了解后一定会重用的；一边多次向刘邦游说，要重用韩信这不可多得的将才。

但是，一天、两天……十多天过去了，尽管萧何一再催促，刘邦仍未拿定主意。很快，一个多月又过去了。

一天夜里，星星稀疏的天空中挂着一轮明月，军营四周静极了。像往日一样，韩信喝了两口闷酒，便开始秉烛攻读兵书。他刚看了几行，一阵烦躁涌上心来。他放下书，站起身走到门前，望着天上的星空想起了心事：自己费了好大的气力来到汉中，本想投奔明主，做一番大事业。可谁会料到来到这里也同在项羽军营中一样不如意。唉，刘邦是明主吗？如果他是明主，为什么也不重用我呢？萧何丞相老叫我等，可等到什么时候呢？唉，有萧何丞相极力的推荐，汉王仍不用我，看来等下去也是没希望的了。

想到这里，韩信实在是心灰意冷。他突然下定了决心，收拾了东西，连夜离开了军营。韩信手下的士兵发现韩信不在了，急急忙忙向丞相萧何报告："韩信逃跑了！"

萧何一听到报告，大吃一惊，这怎么能行！他坚定地认为，汉王要想夺取天下，一定少不了韩信这样的人才，可是，汉王一下子并没有看到这一点。他本想立即向汉王报告，但转念一想，事不宜迟，先要留住韩信再说，他来不及同别人打招呼，骑上马，急急忙忙连夜去追赶。

萧何出了城门，紧抽马鞭，很快就消失在夜幕中。

这一来，事情可就闹大了。一些不明真相的人跑去向刘邦报告："不好了，萧何丞相也逃跑了！"

当时，正是楚汉对峙，刘邦最困难的时期。刘邦的军队被困驻在汉中南郑这个偏僻的地方，许多将士思念家乡，都想尽早回到东边去，开小差的人很多。刘邦接到报告后大惊：连丞相都逃跑了，这还怎么稳得住军心？他气得暴跳如雷，身边的卫士和侍女吓得面如土色，连大气都不敢出。

就在刘邦气急败坏、束手无策的时候，仅过了两天，有人报告，萧丞相回来了。

果然，萧何回来了，马上主动拜见了刘邦。刘邦厉声质问道："你为什么要逃跑？"

萧何一听，知道汉王误解了他，就解释说："汉王，我不是逃跑，而是去追一个逃跑的人。"

"什么？"汉王感到莫名其妙，"你追谁？"

萧何回答："是追韩信。"

"追韩信？就是那个钻过裤裆的人？"汉王不相信，"不对吧，现在逃亡的将尉已经有几十个人，别的你都不追，偏偏去追他？"

"哦，汉王，"萧何听到这里，他明白了汉王不想重用韩信的原因了，他决心说服汉王，"你要知道，别的将尉算不得什么，走了，还可以找到；而韩信，你千万不要看他出身低微，他可是个无人可替代的栋梁之材啊。他如果走了，大王就再也难找得到这样的人才了。"

"唔，"汉王半信半疑，"你那么了解他？"

"是的。"萧何肯定地说，"汉王，我对韩信进行过考察和深谈，我确信他是一个盖世无双的统军良才，这样的人才是您最需要的，我为您寻找这样的人才已经很多年了。可以说，大王，如果你只想做个汉中王，那么放弃韩信也行；如果您是想打败项羽，夺取天下，那么，缺少韩信是万万不行的啊！"

汉王说："我当然是想夺取天下，哪能老困在这儿呢？"

"那么，请汉王一定要重用韩信，这是老臣的肺腑之言。"

刘邦被萧何说动了，他考虑了片刻，说："好吧，我任命他做个将军。"

"不，不，"萧何直摆手，"汉王，韩信是天下的奇才，封他做将军也不能发挥他的作用，也留不住他。"

“哦，那你说怎么办？”汉王询问他。

“汉王应该拜他做大将军，授予他指挥军队的大权，才能留住他。”萧何非常坚决地说。

刘邦又犹豫了一下，最后说：“好吧，丞相，就依你的主意。你去把韩信叫来，我当面封他为大将军。”

“不可，不可，汉王。”萧何又在摆手。

“怎么？你又有什么意见？”汉王不解地问。

萧何诚恳地说：“大王拜大将军，这是非常重大的一件事。你平时对他有成见，又不大讲究礼仪，如果只是这样随随便便把他唤来，封他做大将军，这很不慎重，他也不会来的。”

这么说，汉王也不知怎么是好，就问萧何：“那么你说该怎么办呢？”

萧何说：“大王，如果您是真心诚意地拜韩信为大将军，就应该斋戒三天，搭起拜将台，选择个吉祥的日子。召集文武将官，按照拜大将军的仪式来办这件事。”

“唔，唔，”汉王心中仍有些犹豫，但看到丞相说得这么诚恳坚决，就同意按萧丞相说的去办。

拜将的日子到了。萧何率文武百官分列在临时搭起的拜将坛两侧，迎候汉王在坛中间端坐，汉王身前的案几上醒目地高置着一颗大将军的金印。

坛下的万千将士群情振奋，那些身着盔甲的将领们都在翘首等待，巴望这颗金印能授给自己。突然，一阵鼓乐声，响毕，丞相萧何代汉王宣布：“请大将军上坛受封！”众人抬眼望去，只见一个身材魁梧的小军官应声走上拜将坛跪拜行礼，从汉王手中郑重地接过了大将军的金印。

“韩信！是那个钻过裤裆的韩信！”众人都呼叫起来。

从此，韩信担任了汉王的大将军。他立即给汉王献出了“明修栈道，暗渡陈仓”的计策，率领汉军迅速平定了三秦之地，又率领汉军继续东进，同项羽的大军进行决战，终于打败了项羽。刘邦建立了汉朝，做了汉高祖，韩信也成了汉朝开国的首要功臣。

汉文帝改刑

> 见善则迁，有过则改。
>
> ——《周易》

仓公，又称太仓公，姓淳于名意（前205—前140），临淄人，因为做过齐国太仓长，管理都城仓库，所以习惯上称他为仓公。

淳于意拜名医阳庆为师，阳庆传他“黄帝、扁鹊之脉书，五色诊病”等医学知识。他学了三年后，就给人治病，能预决病人生死，一经投药，没有不立痊愈的，因此远近闻名。淳于意不愿意跟做官的来往，也不会拍上司的马屁。没有多久，辞了职，当起医生来了。

淳于意切脉已经到达神乎其技的程度。如齐国侍御史成自述头痛，淳于意为他诊脉，诊断为疽症，他的病因内发于肠胃之间，因贪酒所致，五日时就会肿胀，八日时便呕脓而死。果然不出他所料，成于第八天因呕脓而死。

由于求医者众，而淳于意又不常在家中，所以，病家常失望而归。时间长了，求医者开始不满愤懑起来。由于淳于意能预知生死，有的病人就无药可医，病人就责怪他不肯医治，以致病人死亡。怨气积久了，终于酿成祸患。

有一次，有个大商人的妻子生了病，请淳于意医治。那病人吃了药，病没见好转，过了几天死了。大商人仗势向官府告了淳于意一状，说他是错治了病。当地的官吏判淳于意“肉刑”（当时的肉刑有脸上刺字，割去鼻子，砍去左足或右足等）。按西汉初年的律令，凡做过官的人受肉刑必须押送到京城长安去执行。因此，仓公将被押送到长安受刑。

淳于意有五个女儿，可没有儿子。淳于意临行时，女儿们都去送他，哭成一团。淳于意看着五个女儿，就长叹着说：“生女不生男，遇到急难，却没有一个有用的。”

听了父亲的叹息，几个女儿都低着头哭，只有最小的女儿缇萦又是悲伤，又是气愤。她想：“为什么女儿偏没有用呢？”于是缇萦提出要陪父亲一起上长安去，家里人再三劝阻她也没有用。就这样，缇萦和父亲淳于意一起动身去京城长安。

缇萦一路上细心的照顾父亲的生活起居。临淄相距长安两千余里，一路上父女俩风餐露宿，尝尽人间辛酸。好不容易到了长安，淳于意马上被押入监狱中。

为了营救父亲，缇萦上书汉文帝为父求情，请求做奴婢替父赎罪。上书中这样写道：“妾父为吏，齐中称其廉平，今坐法当刑。妾切痛死者不可复生而刑者不可复续，虽欲改过自新，其道莫由，终不可得。妾愿入身为官奴婢，以赎父刑罪，使得改行自新也。”意思是：我父亲做官的时候，齐地的人都说他是个清官。这回儿他犯了罪，被判处肉刑。我不但为父亲难过，也为所有受肉刑的人伤心。一个人砍去脚就成了残废；割去了鼻子，不能再安上去，以后就是想改过自新，也没有办法了。我情愿给官府没收为奴婢，替父亲赎罪，好让他有个改过自新的机会。

汉文帝看了信，十分同情这个小姑娘，又觉得她说的很有道理，就召集大臣们，对大臣说：“犯了罪该受罚，这是没有话说的。可是受了罚，也该让他重新做人才是。现在惩办一个犯人，在他脸上刺字或者毁坏他的肢体，这样的刑罚怎么能劝人为善呢。你们商量一个代替肉刑的办法吧！”

大臣们一商议，拟定一个办法，把肉刑改用打板子。原来判砍去脚的，改为打五百板子；原来判割鼻子的改为打三百板子。汉文帝就正式下令废除肉刑。这样，缇萦就救了她的父亲。

缇萦上书救父的孝行，万古流芳，成为后世孝道的典型。而汉文帝关心百姓疾苦，减轻刑罚的做法也得到了后人的称赞。

孙权烧门求贤臣

过而不改，是谓过矣。

——《论语》

三国时吴国的张昭，是个两朝开济的老臣，他在孙权面前从来是直言不讳的，因此，获得了孙权的信任，也因此产生了矛盾。

有一次，远在辽东的公孙渊派人递降表，孙权一看，高兴极了，马上要派张弥、许晏两人前去拜公孙渊为燕王。张昭听了，马上阻止说："公孙渊背叛了魏国，怕因此受到征讨，所以才远道来求我们援助，归顺不是他的本意。如果公孙渊改变了主意，打算重新获得魏国的谅解，就会杀人灭口，这两个使节肯定回不来了。那样的话，不是白白送了他俩的性命而叫天下人耻笑吗?"

孙权说出自己这样做的想法，张昭一一加以驳斥。这样反复了几次，张昭一次比一次态度坚决，言词非常激烈。孙权说不过张昭，觉得面子上过不去，就变了脸，拔出宝剑怒气冲冲地说；"吴国的士人入宫则拜见我，出宫则拜见您。我对您的倚重也到了无以复加的程度，可是您却多次在大庭广众之下使我难堪，我真担心有一天会因为不能容忍而杀死了您。"

听了这些，张昭既没慌张又没退缩，他非常镇定地说："我之所以明知道您并不按我说的做，还满腔热忱地来规劝您，是因为常常想到太后在临终时发出的遗诏，叫我精心辅佐您啊！"说完，老泪纵横，泣不成声。

孙权见状也感到伤心，把宝剑扔到地下，和张昭相对而泣。但是孙权很固执，没有因此就采纳张昭的意见，仍旧派张弥和许晏到了辽东。

张昭见孙权不听劝告，非常恼火，回府以后，就称病不理国事。

孙权对他这样做很生气，干脆派人用土堵住了他的府门，表示永远不再用他为官。

张昭看孙权把他家门堵了，非常气愤，他也不示弱，索性在院里用土封住了门，表示永远不出门为孙权办事。

张弥、许晏按照孙权的意图，来到了辽东，公孙渊果真变了卦，把他们俩给杀了。

孙权万万没想到真让张昭言中了，他很惭愧，觉得对不住张昭，派人运走了堵在张昭门口的黄土，几次向他赔礼道歉，可张昭理也不理。

有一次，孙权从张昭家门口路过，想请他出来当面谈一谈，消除隔阂。张昭推说病势沉重不能起床，根本不出来。

孙权几次派人前去，都吃了闭门羹。继续叫门，干脆没人答理了。

怎么办呢？孙权灵机一动，就派人放火烧张昭府上的大门。他想，大火一着起来，张昭还不往外跑？到那时，自己不就看见他了吗？

孙权觉得自己的主意不错。没想到，张昭看见孙权放火烧门，索性把大门关死，等着大火把他烧死。

孙权一看这招不灵，大惊失色，真怕火着起来把张昭烧死。于是，他慌忙下令扑火。

在烟火弥漫的大门外，孙权久久地站立着。他回想着和张昭并肩战斗、休戚与共的日子，回想张昭为帮助建立东吴呕心沥血、肝脑涂地的战斗历程。他恨自己办错了事，伤害了这位股肱之臣一颗火热的心。

他越想越后悔，越想越伤心，事到如今，想进不能，想退不是，真难办啊！

孙权在门口暗暗责备自己，站着就是不走。张昭的儿子一看再僵持下去也太不象话了，就连劝带拉硬逼着父亲出见孙权。孙权一看张昭终于出了门，不禁喜出望外，抢先一步赶上前去，一把扶住了这位白发苍苍的老臣，诚恳地请他到宫中一叙。

张昭来到宫里，孙权向张昭承认了错误，并表示今后要尊重他的意见，搞好君臣关系。张昭见孙权这样诚心诚意，满肚子的闷气顿时一扫而光，就又竭尽全力地协助孙权治理起国家来。

张昭作为吴国两朝重臣，刚直不阿，直言敢谏，对于三足鼎立之一的吴国内政建设，有不可磨灭的功绩，难怪孙权之兄孙策故去的时候曾立下遗嘱："内事不决问张昭，外事不决问周瑜。"孙权在位期间，基本遵循了孙策礼贤下士的遗风。

辛毗拉衣劝俭

> 人患不知其过，既知之不能改，是无勇也。
>
> ——韩愈

辛毗是三国时候曹操的丞相长史，字佐治，是阳翟人（今河南省禹县）。为人正直清廉，敢言敢谏，很得曹操的重用。他曾对曹操说，当今由于战乱，生灵涂炭，苦不堪言，公要治理天下，首要之急是戒奢励俭，才能得人心，得人心，才能得天下。曹操认为他的进谏很好，完全采纳，在自己的施政过程中十分注意节俭。对自己的家人，规定不准穿豪华衣服，很得人民的称赞。曹操死后，长子曹丕即位，称之为魏文帝。辛毗被升为侍中。这是在皇帝周围参与议决国家大事的官，和现在的顾问性质的亲近官员差不多。辛毗还是和过去一样直言敢谏，去奢尚俭，刚正廉洁。有一件事，使辛毗在历史上留下了千载美名。

魏文帝曹丕即位后，结束了汉朝的统治。他建都洛阳，在洛阳营建宫室。宫室建好了，他又觉得洛阳人口稀少，不豪华热闹，就想把冀州的10万士兵家属迁来洛阳。当时天旱，中原大地又闹蝗虫灾害，庄稼歉收。若把10万士兵家属迁来，那必然要加重人民的负担，这10万家属来洛阳之后，便没有粮食吃。当魏文帝下达这道旨令之后，百姓、官兵震动很大，闹得天下哗然。朝廷各部门都认为这事办不得，可是曹丕执意要迁。侍中辛毗也心急如焚。他想，本来营造宫室就是很大的浪费，如今又要10万人背井离乡迁来洛阳，不仅人力、物力浪费很大，而且这10万人来洛阳之后又无法为生。国家用什么来养活他们呢？再加上干旱、蝗灾、歉收，人民怎么能生活下去呢？汉朝就是这样不体谅百姓，肆意奢华，才落得丧失国家社稷的下场，难道如今还要重蹈他们的覆辙吗？辛毗想到这里，下定决心谏劝皇帝，放弃迁徙的决定。

魏文帝自他作出迁徙的决定后，百官老臣进谏劝阻的很多，但他为使自己的都城繁华热闹，也顾不了这许多，坚意要办。听说辛毗等百官一齐请求召见。曹丕也打定主意，召见就召见，我板着脸对待你们，什么进谏我也不听，看你们能奈我何？于是，他传旨召见，当辛毗一批朝廷大臣进来时，曹丕满脸不高兴，板着面孔等待他们。朝廷百官看到皇帝这副样子，一个个都傻了眼，谁也不敢说话。正在这十分紧张的时刻，辛毗上前谏道："圣上下令迁10万士兵家属来洛阳，有什么具体的计划安排吗？这么多人迁徙这么远，不是一件容易的事啊！"曹丕一听，辛毗是要绕着弯子来劝阻了，便单刀直入地说："你以为我迁徙他们是不对的吗？"他想，这样一问，辛毗便不好再说下去了，哪知，辛毗却大胆地回答说："以愚臣之见，这是极端错误的做法。""你认为错，我认为对，这没有什么可说的了！我的旨令已下，再不变更了。"

辛毗看到皇帝决心不听谏议，但他也死缠不舍，便温和平静地说："陛下不认为我们是无才干、无计谋的人，才把我们放在你的左右，安排我们在谋议国家大事的官员当中，怎能不跟我们商议呢？怎能没有话可说呢？我们大家一齐来要求陛下召见，不是为我们自己，是完全为了社稷的巩固、百姓的安危啊，也是为陛下守好先王大业啊！"魏文帝要想反驳辛毗，又觉自己理亏。说道："自古都城，人烟稠密，井市繁华，显出了一国的兴旺、富强。而都城洛阳虽有宫室，而无井市；虽为王居，而百姓稀少；虽名日京都，而实为空城。聚民以示国家兴旺，建都以显社稷之永固，你等怎么总要阻拦呢?"

魏文帝说完便生气地不理众臣，扭头歪坐龙庭之上。辛毗紧逼不放，接着说："圣上说的诚然有理，自古国之都城乃是一国之心脏，八方汇集，四处来朝，未有国强而都不繁华者，民富而都城寥落者。但是，京都的富庶、风物的华盛，不是一朝一夕之所至，而是世代帝业累积的结果，不是一蹴而就的事。今圣上要徙千万人民来洛阳，以显示国之强大、社稷之兴旺，这实在是拔苗助长，想使苗长得快，反而使它置于死地。徙民，是弱国之举；迁户，是削国之路，圣上万不可以这样做!"群臣也齐跪奏道："圣上万万不可这样做!"

魏文帝大怒，吼道："寡人不与众卿争辩曲直!"拂袖而起，转身想进内殿，辛毗疾步追上，紧紧拉住魏文帝的衣襟说："陛下要三思而行!"

众臣看到这里一个个目瞪口呆，吓出一身冷汗，却只见皇帝大声说道："你们逼得我太急了!"使劲甩掉辛毗，进入后宫。

大家为辛毗暗暗捏着一把冷汗。俗话说，伴君如伴虎，激怒了皇帝，一声令下，便是脑袋落地。而辛毗想，今日我辛毗舍命一死，即使阻不住圣上的奢费决策，也使他不能不有所顾忌。而我呢，只不过削职为民，问罪下狱，大不了舍出全家老小的性命，也要挽国家于倾倒。想到这里，他反而心中泰然，长跪于阶下，等待最后的结果。

整个朝廷没有一个人说话，群臣静跪阶下，连呼吸的声音都听得到。是喜，是忧，是福，是祸，谁也无法意料。时间过得很慢，只见几个太监穿梭于后殿，人人脸上充满了紧张的神色。不久，魏文帝慢慢地从后殿出来，神态十分颓丧，坐定后低声地说："10万居民暂不迁徙，前旨撤回。"

群臣高呼万岁，叩头谢恩。辛毗引襟直谏，终于免除了10万人的苦难。

直言面谏的萧颖胄

斗闹场，绝勿近；邪僻事，绝勿问。

——《弟子规》

萧鸾是我国南朝时齐的皇帝，称之为齐明帝。他夺取帝位之后，杀了不少人，特别是疑心太重，先后杀了自己的尚书王晏，大司马王敬则，前两个皇帝的十个儿子，统统被他杀光。但此人却厉行节俭，坚决反对当时奢靡之风，事事从自己先做起，自己在节俭方面做不好的地方，下臣提出他能诚心改正，这又是历代皇帝中少有的。

萧鸾登上帝位后，把前朝武帝新盖的林苑完全废去，改为良田以种谷，把田地还给百姓。他说："夺百姓口中食、住之宅、身上衣，为自己一时享乐，这是最大的无道。"把原来朝廷中制造的马车、大轿、龙船上所装饰的金银，下令统统挖下来，归还国库。他自己的衣食十分节朴，不让太监给他做太好的膳食，逢年过节，没有他的指示，什么人也不敢随便给他加菜。他下令给管膳食的太监，每餐菜不过五，就是不能超过五样菜。一年元宵，京都中张灯结彩，家家户户喜庆元宵节，宰猪杀鹅，喝酒宴宾，一派热烈景象。而宫墙之内，无灯无彩、无酒无席，冷冷清清，没有一点节日的样子。一个新来管膳食的太监，快到给皇帝用膳的时候，还没有接到指令加菜。他想，百姓小民在这种节日也要治办丰盛酒席，当今皇上难道就不可稍加点菜肴吗？便擅自作主，给齐明帝多加了三个菜，共成为八碗，当菜饭上去以后，齐明帝见不得诏令，便给他多加三个菜，立即叫侍官追询查问，当侍官查清之后，如实上奏明帝，明帝说："念他是新来首犯，不予治罪，赶出宫廷，永不录用。以后再有违反，必诛无疑。"从此，谁也不敢违反明帝的规定。

一年端午节，建康城中热闹非凡，宫中还是没得到皇帝的指令，无歌舞管弦，也无豪华酒宴，完全是一派清朴节俭的平日气氛。管膳食的太监想，若给皇帝用膳像往常一样，这就少了节日的气氛，若是给皇帝多加酒菜，又怕皇帝怪罪，他左思右想，便想出来一个办法：吃粽子是端午节的习俗。给皇帝做一个精致、丰富、美观的特大粽子，这样既不违反“菜不过五”的规定，又使内容丰富。他派手下人，想尽方法，把各种美味佳肴都巧妙地包进粽子里，让皇帝剖开粽子，便能吃到各色精致的菜。当粽子做好之后，果是天下一绝，其色彩艳丽，犹若桃花，形状美观，犹若菱角，而香味扑鼻，让人馋涎欲滴，有猪腿一般大，上面还有“端阳喜欢”几个字。当献上给齐明帝之后，齐明帝也赞道：“好粽子！好粽子！”一看，又只这一道菜，也没违反规定，而剖开却有多种美味。齐明帝想责怪吧，又觉得没有什么根据，不责怪吧，它确实违反了自己的规定。他沉思片刻后说：“制粽之人，用心良苦，如此佳作，世所罕见，我不能不给予赞扬。这一大粽子，实际是我两天的食粮，现在要你们把它一分为四，我每餐只能食用一块。”他旁边侍候的太监说：“皇帝不必太俭，一年只一次端午，百姓小民都要喜庆一番，你多吃一点，也是常理。”齐明帝说：“天子的一举一动，都影响着天下，我提倡节俭，不从我做起，天下人是不会认真去做的。”

平日的生活中他确实这样去做。宫中人为他准备洗澡用的皂荚水，用剩下的他要太监不要倒掉，留着下次再用。正月初一，大臣们要给皇帝送来敬贺礼品，他事先下谕，只能送不值钱的，不能送奢华昂贵的东西。一年，一位大臣给他送来了一件银制的温酒用的酒具，价钱并不昂贵，只是做工十分精巧，众大臣见了都赞口不绝。送礼人想，明帝也一定会满意的。可是，当齐明帝看了之后，不仅不赞扬，反而十分生气，叫手下人把银器砸碎。决不能让奢华之风进入宫中。后来，还是上尉萧颖胄劝说道：“酒具精雕细刻就是浪费奢华，皇上又将他砸烂，更是奢华之上又加奢华，这不是错上加错了吗？”明帝一想有道理，才把它留下来送给府库变卖。

又过几年，国家无事，农业接连几年丰收，边境相对平安，人民从战乱、灾荒、劳役的苦难中有所解脱，生活有所改善。由于齐明帝身体力行，社会、官吏的奢华侈靡之风大有改变，社会一时呈现出平安景象。在动荡不安的南朝，这也是很难得的国泰民安时期。齐明帝也十分高兴，当新春佳节到来之时，他下令宴请文武百官，宫中举办了从未有过的盛宴酒席，一时显得该年的春节特别隆盛。开宴之时，明帝赞扬文武百官为皇帝效忠，尽心职守，厉精图治，使国家兴旺发达，万民乐业。百官之得宠者，也颂扬齐明帝恩德如天，厉行节俭，倾听下民心声，采纳众谏，使国家法纪严明，奖惩合度，最后齐明帝说："今日新春佳节，我与百官万民同乐，酒席之中不分君臣尊卑，希望人家畅怀痛饮，不拘法礼。"百官见皇帝难得如此宽待，也杯瓶交递，欣喜无比，气氛少有的融洽。明帝也叫贴身亲信给百官一一赠酒，以表君臣的心意。在这轻松、热闹的酒席中，只有一人不卑不亢，好像对丰盛的酒席视而不见、食而无味，又好像心有要事，默默难言，焦愁不堪。精细的齐明帝萧鸾也看到这位大臣的神态，便一直走到他席前问道："上尉今日为何闷闷不乐？是不是有烦难的心事？""启奏圣上，小臣确实有一疑虑难解的事郁结心头，又不敢说，又难以丢开，所以，难以开怀畅饮。""有什么事何不一吐为快，我如能帮你排解，也是寡人平生一大乐事！""当今新春佳节之时，满朝上下和乐融融，我一说出来，必扫大家的酒兴，还是改日面奏圣上。""上尉不必担心，没有什么事会使我们扫兴的！如今国富民安，风调雨顺，人寿年丰，无灾荒、战乱、饥馑，还有什么会扫我们酒兴的？"

"那我就不敢隐瞒，直言面奏。"那人便大声说道："圣上不知是否记得前朝留下的车、轿、船上镶饰的金银美玉何处去了？""是我下旨叫全挖下来送给府库去了。""圣上又是否记得一年新春，百官送礼朝贺圣上万福，有一精制的银酒具圣上见了之后，如何处置的？""记得，我要下令砸碎，但是听了你的劝说，才送给府库变卖。""那请圣上看看，今日酒宴之上，所用杯盘食具，为何物所造？"齐明帝萧鸾听到这里，一下子变了脸色，酒已半酣的文武百官一个个吓得像木鸡一般，个个都为酒席上的直言勇谏者捏着一把汗。

突然，明帝大声说道："上尉一谏，我如梦初醒。常言说，九十而半百。我俭朴一生，不想今日违例，是寡人的过错啊！来人，把席上的金银酒具统统撤去，换上陶瓷用具。从今以后，寡人如有奢靡，群臣人人可以当面批评。”

群臣一片欢呼颂扬声，酒宴在换下银具之后，相乐如初，直言面谏者是谁？就是劝明帝留下酒具的上尉萧颖胄。

苏世长谏唐高祖不忘节俭

君子求诸己，小人求诸人。

——《论语》

苏世长是唐高祖李渊的谏议大夫。谏议大夫是一种专门了解各方面的意见，向皇帝提出建议，指出不足的官职。他原是隋末军阀之一的王世充的部下，后来归附唐高祖李渊，因为品德高洁，为政清廉，又能直言敢谏，很得唐高祖的重用。苏世长受到重用之后，并不对唐高祖逢迎谄媚，仍经常当面指出李渊的缺点，并能用巧妙的方法，说得李渊心服口服。他劝谕李渊吸取隋朝奢侈亡国的教训，严以自律、厉行节俭就是一个突出的例子。

有一次，李渊邀请苏世长到长安披香殿饮宴，披香殿是李渊精心设计建造的最华丽的宫殿。建造之时李渊招募了全国最好的工匠，又借鉴历朝的宫殿，仿照秦朝的阿房宫式样，金饰屋壁，银裹柱梁，铜门漆户，瓷地罗帷。白天，阳光斜映，金碧辉煌。夜晚，火烛照耀，银光灿烂。宫前栽各种名贵花木，又运来美石围池作山，将宫内所获珍宝美器古玩全摆列在四周。还选来天下美女数十人，作殿中役使、侍候的嫔妃。对于寻常人，李渊不在这里接待，在此接待苏世长，本想表示对其的尊重和宠爱。苏世长也是第一次到这个披香殿内来。

一进殿苏世长就大吃一惊，李渊竟悄悄建了这样一个隐避的华丽处所。可见，平日向他进谏的“治国之本，节俭为先”的话，全白说了，今日要用什么办法，来让他省悟呢？苏世长陷入了沉思。但外表上他不动声色，谈笑自若。一会美女献上美味佳肴、琼浆玉液，苏世长也不推让，和李渊杯瓶如梭，开怀畅饮。当李渊在令侍女斟酒三杯之后，苏世长精神更为振奋，便对李渊禀奏道："今日蒙圣上厚爱，在如此华丽、辉煌的隋炀帝宫殿宴饮下臣，下臣实在感恩不尽！"

"苏卿一贯喜欢进谏，给人的印象是你很直率、坦白、心明如镜。现在看来，世人都看错了，苏卿是最为狡诈不过的了！"李渊以戏谑的口吻笑着说。

"圣上何以见得下臣狡诈？"

"这宫殿本是朕精心建造，你为何说是隋炀帝的宫殿？"

"这宫殿如此豪华精美，原来不是隋炀帝建造的呀？"

"这是朕花了五年时间，遍招天下能工巧匠建造的，怎么是隋炀帝建造的？"

"请陛下恕罪，下臣实在不知。下臣过去陪伴陛下，只见陛下在夺取天下之时，艰苦节俭，所住的居室，不求华丽，只要能遮风避雨就行。所盖被褥，皆用粗丝缝制，破旧了还不准人换新的。所穿衣袍，也多是破旧补过的。我清楚记得，有一次，一个侍卒将陛下的破旧马笼头丢了，换上一副饰有银饰的笼头，陛下还将侍从狠狠训斥一顿，硬不用那银饰的，又去将旧笼头找来套上。圣上当时还说：国之兴衰，人之能否成器，只需用'节俭'二字量之，便可知矣。臣万万想不到，隋帝的寝宫、鹿台的硫璃瓦会在这里看见。殿内珍珠满屋，银柱金梁，美女盈室，也只有隋炀帝的宫殿才有。圣上前后变化，下臣实在是不敢相信是真的啊！"唐高祖李渊在听了苏世长的话后，内心展开了激烈的斗争：是啊，我的变化为什么这样大呢？怎么在我不知不觉中，已走上了隋炀帝灭亡的道路了。不是苏世长提醒，我不是还要继续走下去吗？怎么这段日子像在梦中一样呢！

苏世长见李渊皱着眉不吭声，明白自己的话已有几分效力，还要紧抓不放，便说："陛下，下臣因一时高兴，多喝了几杯酒，醉意上来，神智不清，胡言乱语一通，请陛下恕罪。""不，"李渊颇有感触地说，"我确实走上了亡隋的道路。不是苏卿的提醒，我现在还醒悟不过来。"

苏世长听到这里，赶快跪下叩谢，说道：“陛下这一醒悟，实在是可喜可贺！这是百姓的大福、社稷的大福、国家的大福啊！不瞒圣上说，下臣早已为圣上登基之后的日渐奢靡十分担忧。隋朝就因为奢靡无度，使人民负担沉重，痛苦不堪，最终使天命归于有道的明君。圣上如今取得江山，应该是戒除隋朝的奢侈荒淫，不要忘记打江山时的勤俭节约啊。现在刚刚打得天下，你便学着秦、隋盖起这样的宫殿来，想使天下养息元气，倡廉励俭，澄清混乱的局面，这能办得到吗？”

从那以后，唐高祖李渊一直注意保持俭朴的风尚，使大唐江山得以长久。

魏征提倡以俭治国

不以规矩，不能成方圆。

——《孟子》

魏征是唐代杰出的政治家。他一生刚正磊落，守法不移。他身为朝廷的国公、宰相，由于敢于直言相谏，因此深受皇帝李世民的高度信任和重用。李世民把他喻为历史的一面“镜子”。魏征身上具备许多优秀品质，其中节俭朴素可堪称世人的楷模。他提倡节俭治国，自己身体力行，率先垂范。

由于李世民采纳了魏征提出的“偃武修文”的主张，又对边境各少数民族和四邻各国采取了较好的安边政策，因此，四海安定，国家兴盛。于是，陶陶欲醉的李世民，不断地在宫中大会宾客、四邻来使，他不惜万金，铺张欢迎。众大臣们都在尽情地称贺，唯有魏征坐在一旁，默默不语。他在想什么呢？他望望各人筵前的山珍海味，丰盛无比，金杯银盏，醇香四溢。再看看这宽大的金殿，熏香缭绕，四周摆着各种形制精美的几、案、格橱、钟鼎玉石，金银诸器，锃锃发光。一切多么富丽堂皇呀！是啊，国家兴盛了，李世民这样陶醉，是不是忘记了前三年的艰难？是不是忘记了隋炀帝挥霍无度，奢侈误国的教训？是不是忘掉民心不可失？得民心者，得天下，国家方才兴盛，如何保持这兴盛呢？魏征想到这里，感到这是当前一个最重要的问题，必须立即提醒李世民。

在酒筵上，魏征利用李世民让他发表见解的机会，饱含深情地说："陛下，今日国家内外安定，初见兴盛，臣为此喜泪沾襟。可是，臣又有所忧虑，国家值此方兴未艾之时，陛下安居这富丽典雅的宫殿，饱享这钟鼎玉食，金银珠宝之乐，会不会'居——安——忘——危'？"魏征一字一顿地吐出了"居安忘危"四字，然后又疾如迅风地接着说道："陛下，树根不深，枝叶不茂！水源不足，水流不远。当今国家初兴，根基不厚，必须居安思危，节奢侈，去浪费，一如既往，长谋远虑，以民为重，励精图治，否则前途堪忧！切盼陛下恕臣一片愚忠！"

李世民听了此言为之一震，转眼看着魏征，正欲言语，忽然一侍臣进宫来报，原来又有十个国家和君长要来朝见，李世民十分高兴，就此下了一道口诏，要求朝廷各方面作好准备，举行隆重的仪式款待来使，不得有失大唐的体面。

魏征料到，此事必然又要花费大量钱财。可是，如何处理四邻的友好关系呢？一会儿，魏征很快想出了一个两全其美的办法。魏征向李世民说道："臣还是那句老话，陛下应当居安思危！当前主要是节俭。刚才，陛下传旨，要大摆仪式，接待西域来使，臣以为这样做于国不利。东汉光武帝在国家困难的时候，就暂时拒绝和西域来往，目的就是减轻劳费。眼下，国家虽然初兴，而边境百姓还很穷困。不久前接待高昌国王来朝，已经加重了沿途百姓的负担。现在又有十国使者要来，其人数不少于千人。这么大的队伍，从西域到京城，路途几千里，我们远接远迎，该要有多大开销啊！国家和地方，尤其是边境的百姓都承受不起这个负担哇！往后，他们还要不断地来……"

有人竟然打断魏征的话，说："依魏大人之言，莫非是拒客于千里之外？"李世民深知国库的虚实，认为魏征主张节约，也符合国家的实际。但是，四邻的友好使者不能不以礼相待啊！

魏征仿佛看到了李世民的心思，仍然不动声色地说：“依愚臣之见，眼下邻来使，有一个重要的目的，那就是希望和边境百姓互市贸易，俗话叫‘做买卖’。我们可以答应这个要求，使双方互通有无，和睦相处。这样，四邻满意，百姓高兴，我们也可以不必铺张欢迎。四邻百族，大家常来常往，既节俭，又友好，岂不两全其美！”

李世民闻言，不觉欢喜。刚才“居安思危”的劝告声，深深地触动了李世民。是呀！倘若不注重节俭，忘记了前三年的艰难，国家就不能继续兴盛，大唐功业就难预料！李世民想到这里，蓦地转身，深情地望着魏征，慢慢地转向房玄龄：“房卿！朕方才的口诏收回，速派人传令，停止远迎！”

魏征死后，李世民十分悲痛，赐给他一品官的仪仗，命令九品以上的官员都参加治丧。朝廷罢朝五天，隆重举哀。

魏征的夫人裴氏见丧事这么隆重，向朝廷辞谢说：“魏征一生节俭朴素，现在按一品官的礼仪哀悼安葬他，这么厚重，这不是魏征生前所愿。”

李世民尊重魏征的遗志，接受了裴夫人的要求，改为从俭办丧事。

长孙皇后劝谏

> 责己厚，故身益修；责人薄，故人易从。
>
> ——朱熹

唐朝有位贤明的皇后，她就是唐太宗的文德顺圣皇后长孙氏，她一生尊崇节俭。

长孙皇后生了三个儿子。一天，太子的乳母遂安夫人见东宫用器太少，要求皇后添置一些。皇后不许，并说：“我替太子忧虑的是德不立而名不扬，并非器物太少。如今国家新建，百姓饱受战乱之苦，刚刚安定下来。太子作为储君，应多多体恤民情，注意节俭，方为人君之德。”

她不仅对太子严格要求，自己也是躬行节俭。凡是衣物车马，只要够用就好，从不讲究。六宫上下，都以皇后为榜样，不敢靡费。

公元634年，长孙皇后临终之际，正是大臣房玄龄因一点小的过错被太宗遣归家门之时。长孙皇后从大唐朝的利益出发，再三向唐太宗求情说："玄龄跟随陛下时间最长，处事小心谨慎，参与国家机密，从来不泄漏一句，为官以国为忧，孜孜求治。平日生活节俭，从不奢侈浪费，一日三餐不食山珍海味。这是多可贵的品质啊！只要没有犯什么大错，请您不要罢免他。"长孙皇后又说："我的本家有章与皇上您结成姻亲，但他们并不是靠才德获得高位。他们生活上不注重节俭，追求华贵，贪图享受。这很容易闹出乱子，请皇上不要让他们掌握大权，只以外戚的身份入宫请见，我就放心了。"

最后，长孙皇后又用低微的声音说："自古圣贤都崇尚节俭，只有无道之君才大兴土木，劳民伤财。我死之后，不可破费厚葬。只愿依山为坟，不用制造棺椁，所需器服用品，都用木瓦，如能以俭约送终，就是皇上对我的最好怀念了。"听了长孙皇后的话，太宗难以抑制心中的悲痛，默默地应允了她。

这位历史上少有的贤德之后，只活了36岁。

贤后劝谏

如果我能有两次青年时代与两次老年时代，那么，我就可以改掉我的过失。

——欧里庇得斯

明朝的开国皇帝朱元璋，字国瑞。他出生于元朝时濠州（今安徽凤阳）的一个贫困的农民家庭。他青少年时给人放过牛，当过和尚，做过雇工。

后来参加了农民起义军红巾军的队伍，身经百战，逐步消灭了陈友谅、张士诚两大武装势力，最后推翻了元朝的统治，建立了明朝，自己当上了明太祖。在他开国的整个过程以及当了皇帝以后很长一段时期，都伴随着一个重要人物，这就是他的结发妻子马秀英。

1367 年底，朱元璋的军队灭掉了陈友谅、张士诚两支主要的敌对势力，直捣元大都。朱元璋认为时机成熟，准备称帝，建立明政权。这时，册封皇后的问题提了出来。当时，有人认为马秀英出身低下，长相也不好，尤其还是个大脚。当皇后不合适，劝朱玩璋要考虑。

朱元璋说："我同秀英是患难之交。任何时候我都忘不了秀英赠衣赠诗的深情，忘不了秀英身上为我烫伤的疤痕。没有秀英，也就没有我朱元璋的今天。古人说得好：'贫贱之交不可忘，糟糠之妻不下堂'。我怎么能将秀英抛弃呢？"

1368 年 1 月 4 日，朱元璋在应天（今江苏南京）登基做了皇帝，封结发妻子马秀英为皇后。

马皇后在明朝以"贤后"著称。她在世的时候，为朝廷做了许多好事，尤其是对朱元璋大杀功臣的做法提出了有益的劝谏。

朱元璋当了皇帝后，脾气变得越来越大，容易发火，容易受人挑拨。心眼也越来越小，喜欢猜忌别人，动不动就要处罚部下。晚年的朱元璋，残忍狠毒是出了名的，他火一上来，就要杀人，什么人的话也听不进去。这个时候，只有马皇后的话能使他稍稍冷静一点。

朱元璋称帝以后，常在宫里的西楼上处理政事，马皇后就常常在外面探听，如果听到丈夫发怒要处罚人，她就马上规劝丈夫要冷静，告诉他，人在发火的时候容易出偏差，不要随意处罚人，更不要滥杀无辜。她不怕丈夫不高兴，说："你都有五个儿子了，积点德吧！动不动就杀人，难免有冤枉。留人性命，子孙才有福气，国家也才能长治久安。"

有一次，江南的大财主沈秀，请求出钱犒赏三军。朱元璋大怒，认为一个老百姓要慰劳皇上的军队是要收买民心，是居心险恶、图谋不轨的行为，非杀了不可。还是经马皇后规劝，才留了沈秀一条性命。

被称为“明朝开国文臣之首”的宋濂，是个很有学问的人。他帮助朱元璋平定天下，还做过诸王子的师傅，是个有功之臣。洪武13年，丞相胡惟庸犯罪被杀，宋濂的孙子宋慎也被牵连了进去。朱元璋就逮捕了宋濂，定成了死罪。马皇后知道了，就劝谏丈夫说：“天下的老百姓对老师都十分敬重，有礼貌。宋先生做过我们孩子的老师，而且又有过功劳。我们帝王家更应该好好地待老师啊。何况宋先生早就告老还乡，孙子的事他不一定知道。你不能杀宋先生。”朱元璋不听劝，还坚持要杀。马皇后心里十分难过，在和丈夫同桌吃饭的时候，她吃不下饭菜，也不说话。朱元璋见她反常，就问她是什么原因。马皇后回答说：“宋先生快要死了，我们没有按照老师的礼节对待他，我心里很难过。”朱元璋听了，心里也有些难受，他默默地不说话，第二天便赦免了宋濂的死罪。

洪武十五年（1382年）的秋天，贤德的马皇后得了重病，朱元璋十分焦急，四处为她寻访良医。但是，马皇后拒绝医生看病，什么药都不吃。她对丈夫说：“我的病很难治。我知道你的脾气，如果吃了药救不了我的命，你会治医生死罪的。”马皇后临终前，朱元璋俯下身子轻声问她：“你还有什么话要说吗?”马皇后艰难地说：“我走了以后，希望你改改脾气，求贤纳谏，把子孙教育好，使天下臣民各安其所。”说完就咽了气，死时才51岁。

马皇后的死使朱元璋悲痛万分。从此，他再也没有立过皇后。

朱元璋向老秀才赔礼

人谁无过？过而能改，善莫大焉。

——《左传》

明太祖朱元璋的太子自幼娇纵放任，7岁时朱元璋给他请的3位老师都先后告辞，不愿给太子授课。为此，朱元璋心中十分烦恼。

一天，丞相刘伯温向他推荐一位老秀才，说："此人年已七十，但学识渊博，且为人刚直无私，可任太子的老师。"朱元璋说："只要能严教太子，年纪大些更好。"第二日，朱元璋便请老秀才进东宫，对太子说："你一言一行都要好好听从这位老师的指导，不得无礼！"说罢，唤过太子向老秀才行礼。

一日，老秀才要太子背诵一段《论语》，自己则闭目养神。太子背了两句就取出书来偷看。突然，老秀才耸起身来抓住太子的耳朵要他跪下。太子哪里肯听，反而挥起小拳头打老师。老秀才大声喝道："大胆！"说完把太子双手反扭过来，一定要他跪下，太子硬是不肯跪。

朱元璋刚好经过东宫，见了这一情景便走到老秀才面前求情："看在朕的面上，饶他一次吧！"

老秀才沉着脸说："子不教，父之过；教不严，师之惰。陛下应该知道这个道理。"

朱元璋见老秀才不仅不领情，反而当着太子的面来教训自己，不禁勃然大怒，喊道："来人！把这老家伙关起来！"

事情传到马皇后那里，她觉得皇上为太子护短，居然惩罚起老师来，太不讲道理，决定去劝皇上认错。

傍晚，马皇后在与皇帝用膳时，先向朱元璋劝了几杯酒，然后说道："皇上过去在淮西时曾说过，世上有两种人最无私心，皇上还记得吗？"

朱元璋一时记不起来，笑着说："朕记不得了，还请娘娘讲吧！"

马皇后说："一个是医生，一个是老师。皇上曾说，哪个医生不愿为病人治好病，哪个老师不愿把学生教成才，是吗？"

朱元璋听出娘娘话中有话，便说："如果老师太蛮横无理，就不是好老师了。"

马皇后说："这位老秀才脾气是有些怪，但他对太子教得严完全是为了他好呀！玉不琢，不成器，如果太子长大了无知无识，大明的天下不就完了吗？"

朱元璋听了心里懊悔起来，表示要向老秀才赔礼道歉。

第二天，朱元璋和马皇后先把太子叫来，当面教训一番，然后三人来见老秀才。老秀才见了他们，背着身子，故意不理睬。

朱元璋说："您老人家不必再生气了，朕特地向您赔礼来了！"

老秀才这时才向皇帝跪下施礼，说道："老臣不敢，谢圣恩！"

朱元璋先请老秀才坐下，再命太子向老师跪下叩首认错。老秀才扶起太子后，走到书桌前写了"明王明不明，贤后贤不贤"10个大字。

马皇后见了递给皇上。朱元璋一看顿时睁着两眼愣住了。

马皇后笑着说："请老师吟给皇上听吧！"

老秀才吟道："明王明不？明。贤后贤不？贤。"

朱元璋一听哈哈大笑。

康熙虔诚跪师

> 不迁怒，不贰过。
>
> ——《论语》

康熙帝玄烨是顺治帝福临的第三子，在位61年，对巩固清朝统治起了很大作用。他在位期间，出现了"康乾盛世"。

康熙帝很有才华，是与他受到的良好教育分不开的。顺治非常注意对康熙的教育，精心为他选派老师。一天上朝，顺治提出一个问题："龙的耳朵小，象的耳朵大，出于何典?"掌管御书楼的彭尔述奏道："此典出于《古藏经》十三篇。"顺治命人查对，果然如此。于是决定请彭尔述为太子的老师。彭尔述被请到后宫见了太后，彭尔述说："臣才疏学浅，不胜此任。"但圣命难违，就这样当了太子玄烨的老师。

康熙很聪明，也很好玩。过了一段时间就学腻了，一会儿去捕蝴蝶，一会儿捉蜻蜓，一会儿又和其他弟兄去捉迷藏，常常完不成老师布置的作业。彭尔述管教几次，收效不大。彭尔述想：这样下去将一事无成，决心严加管教，令其跪读。

正好这时太后从书房前路过，看到室内无人，细看康熙挨罚，在圣人像前跪读。顿时产生怜爱之心，令其站起，并说道："读书亦为君，不读书亦为君。"彭尔述当仁不让，接着说："读书为明君，不读书为昏君。"太后一怔，又令其跪读。

晚上传旨令彭尔述到后宫。彭尔述想，顶撞了太后，即为不尊不敬，肯定要受处罚，告诉家人做好思想准备："我如不按时归来，即遇难。"并安慰家人说："这不算什么？大不了人头落地。"

到了后宫，太后亲自到门外迎接，并赐坐献茶。太后说："万岁爷让我向你道歉！今日设便宴作为答谢！"彭尔述很感动，对顺治帝的尊师重道铭刻在心，以后更加精心地教育康熙，终于使他成为一代明君。